タニタのロハスなダイエットのすすめ

無理せず、自然に、リバウンドなし

タニタ

扶桑社

タニタのロハスなダイエットのすすめ

無理せず、自然に、リバウンドなし

はじめに

無理せず、自然に、健康的で美しいからだになりたい……。
それはダイエットをしようとする女性の共通の願いではないでしょうか。

しかし、間違ったダイエットをしてしまったせいで、なかなかやせない、せっかく体重が減っても
すぐにリバウンドしてしまう、逆に健康をそこなってしまったという経験をお持ちの方も多いのでは。
その結果、ダイエットは、つらくて、難しいものだと諦めていませんか。
本書は、そんなみなさんにぜひとも知っていただきたいタニタのダイエットメソッドを、日常生活
に取り入れやすい形でまとめました。
これを実践すれば必ず……と言いたいところですが、まずは気軽に本書をご覧になって自分のでき
るところから始めていただくことをおすすめします。

私たちタニタが提唱するダイエットメソッドは、とてもシンプルです。
まず、食事や運動、睡眠、からだの状態などを「はかる」こと。これを継続して記録すれば、から
だの変化が数値でわかり、食事や運動、睡眠などの生活習慣と自分のからだの状態との因果関係が見

えてきます。あとは、太る原因となっていると思われる生活習慣を少し改善するだけでよいのです。

タニタは「はかる」を通じて、生涯にわたる健康づくりを総合的にサポートしています。具体的には、体組成計《たいそせいけい》や体脂肪計はもとより、1日の総消費カロリーがわかる「カロリズム（活動量計）」や、睡眠の状態をモニターする「スリープスキャン（睡眠計）」など、さまざまな「健康をはかる」ための先進的な商品やサービスを世に送り出しています。

ちょっとPRになってしまいますが、これらの商品を一式揃えて生活習慣をチェックしてみることがダイエットを成功に導く第一歩と考えています。

とは言っても、一番大切なことはあなたが前向きな気持ちを持つことです。

本書は読み飛ばしていただいても結構です。本文と連動しているチェックシートを巻末に付けていますので、できるところからチャレンジしてください。チェック項目を一つひとつ埋めながら生活習慣にしていくと、半年後、一年後には、なりたかった自分になっていると思います。結果はついてきます。私たちのおすすめするメソッドで健康的で美しいからだを手に入れましょう。私たちは、あなたの前向きな気持ちを応援しています。

2012年4月

株式会社タニタ　代表取締役社長　谷田千里

目次

Contents

その3 「運動」のこと ―― 82

2章のまとめ

1

「ロハス」なダイエットとは

その1

無理せず、自然に、健康的で美しいからだを手に入れる

無理なダイエットではなく「ロハス」なダイエットを

今から、ダイエットについての意識を変えてみませんか

太るのは簡単なのに、やせるのは難しい……これまでの経験でそう感じたことはありませんか？

たとえば、急いでやせようと焦るあまり過激なダイエットをして、せっかくやせて

もリバウンドしてしまうという悪循環に陥ったり。

たとえば、単品ダイエットや断食ダイエットにトライしたものの、逆にストレスが溜まって、その反動でたくさん食べてしまうという繰り返しになったり。

たとえば、やせてはみたものの肌や体調がぼろぼろになってしまったり。

たとえば、やる気はあってもなかなかつづかなかったり。

こんなふうにせっかく努力しても、結果として無駄になり、自己嫌悪に陥ってしまうダイエット経験をお持ちの方はたくさんいらっしゃるのではないでしょうか。

タニタがおすすめするダイエットの方法は、こうした失敗を見直すきっかけにしていただき、さらに「なりたい自分」に近づくための第一歩にしてもらえるような、ごく簡単でシンプルなものです。

無理をせず、自然に、今の自分より健康的で美しくなるためのちょっとしたコツとして生活のなかに取り入れていただければ幸いです。

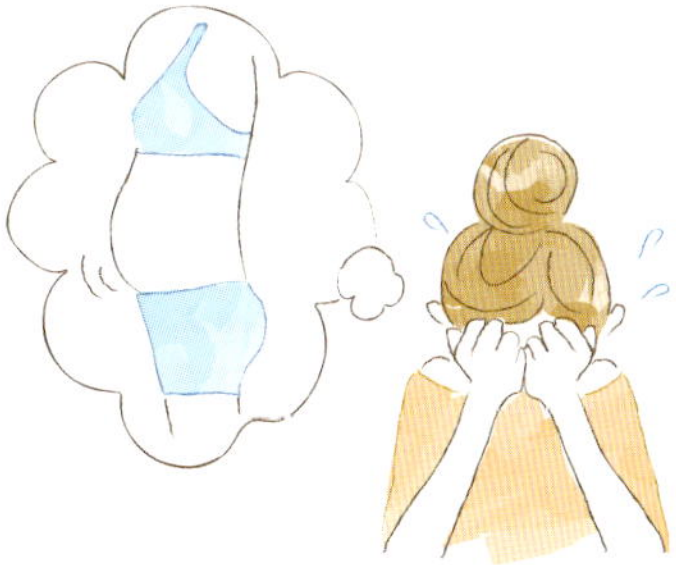

「ロハス」なダイエットのすすめ

タニタがおすすめするダイエットは、とてもシンプルです。

「ロハス」という言葉をご存じでしょうか。「ロハス」とは、「Lifestyles Of Health And Sustainability」の頭文字をとったもので、環境に配慮し、健康的で持続可能なライフスタイルと、それを実践する人たちの総称です。

「ロハス・ライフ」「ロハス・ハウス」「ロハス・カフェ」「ロハス・レストラン」など、ロハスを使う言葉は数多くあり、日本でもさまざまなところで、新しい価値観として受け入れられてきました。

実はダイエットも同じ。それは、無理せず、自然に、健康的に美しくやせられ、リバウンドしない持続可能なダイエット。

これは「ロハス」の考え方そのものであり、タニタが考える理想的なダイエットなのです。

「ロハス」なダイエットはとてもシンプルです

冒頭で紹介したダイエットの失敗例の多くは、自分のからだのことを把握せずに「無理なダイエット」をした結果によるものです。

自分のからだはそもそも太っているのか？　美しくなるにはただ体重を減らせばいいのか？　日頃の自分の食事量、基礎代謝量や活動量の知識がないまま、いきなり食事制限や運動を始めてしまうので、それが無理なダイエットなのかわからないまま頑張ってしまう。そしてすぐに結果が出ないとがっかりしてあきらめてしまい、自分を責めてしまう負のスパイラルに陥ってしまう。

でも、そんなに悩まなくてもいいのです。まずは自分のからだのことを知りましょう。それができれば、「無理せず、自然に、健康的に美しくやせられ、リバウンドしない持続可能なダイエット」、そう、「ロハス」なダイエットの第一歩を踏み出せたことになります。

まずは自分のからだの現状を知り、目標を持つために、そして頑張った成果を見るためにも、毎日「はかる」ことを習慣化することをおすすめします。何をはかるのかって？　それはこれから読み進めていただければ見えてきます。

……「はかるなんて面倒くさそう」なんて思ってませんか？　実は、はかるのなんてダイエットをしようと決意するよりよっぽど簡単で楽しいことなんですよ。

摂取したカロリーと消費したカロリーをコントロールしましょう

まず「ロハス」なダイエットの大前提として、「食事」（摂取カロリー）と「運動・活動」（消費カロリー）のコントロールについてお話ししましょう。

ちょっと難しそう、つまらなそう……とここで思ってしまった方、大丈夫です！ここはサラっと基本の「キ」をお伝えするだけですから難しくなんかありません。このコントロールの意識を持つことができているのとそうでないのとでは、あとあと大きな違いが出ます。とってもシンプルで簡単なことなのでちょっとお付き合いください。

「食べる」ことは、からだにエネルギーを蓄《たくわ》えること（＝摂取カロリー）です。

「からだを動かす」ことは蓄えたエネルギーを使う、つまり消費すること（＝消費カロリー）です。

ダイエットのエネルギー収支

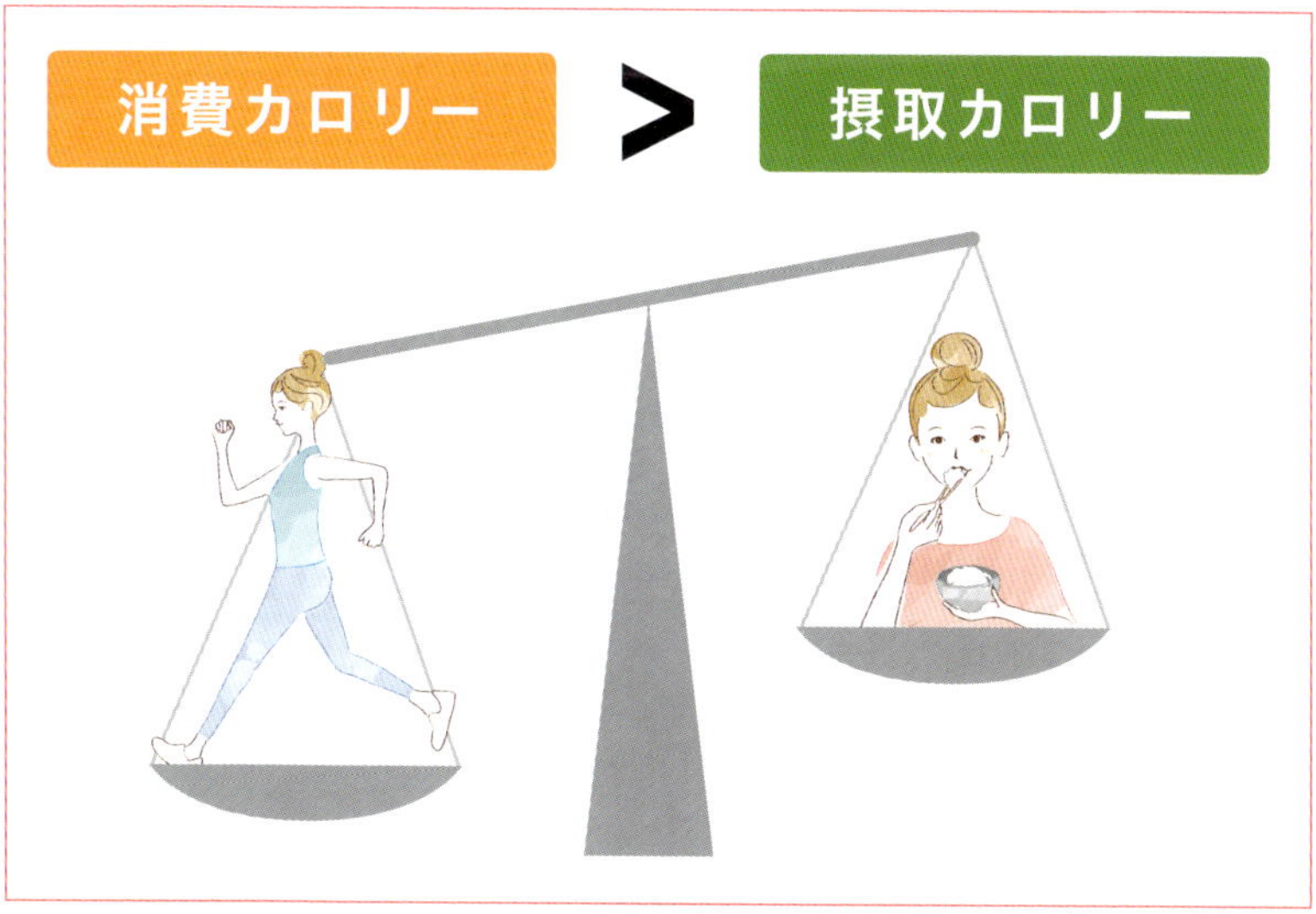

「摂取したカロリー ＜ 消費したカロリー」

つまり「食べた分のカロリーより多く活動や運動などで消費」すればいいのです。たとえば一日の「摂取カロリー」が2000キロカロリーなら、それを上回るカロリーを日常生活で消費すればいいわけです。

食べすぎ（カロリーの過剰摂取）や、運動量が少ないと太ります。それは、からだの「エネルギー（カロリー）の収支」が合わなくなり、エネルギーの余剰が脂肪として蓄積するという単純なものです。

反対に、余分な食事を減らしたり、低カロリー食に替えたりすることで摂取エネルギーを減らすか、活動量、基礎代謝量を引き上げ、消費エネルギーを増やすことでエネルギー収支をマイナスに転じることができれば、簡単にやせられることになるのです。当たり前のことですが、この「エネルギー収支」の意識を持つだけで、毎日の生活にちょっとした違いが生まれてくることが、これまでのタニタの研究結果からもわかっています。

体組成計《たいそせい》で体重、体脂肪率、筋肉量、基礎代謝量などをチェックしましょう

では、何をはかってチェックすれば「自分のからだ」のことがわかり、「からだのエネルギー収支」を意識しやすくなるのでしょうか。

まずは、「自分のからだ」のこと。

「体組成《たいそせい》」という言葉を聞いたことがあるでしょうか。耳慣れない言葉かもしれませんが、簡単に言うと、「体重の中身」のことです。からだを構成する、脂肪や筋肉、

骨、水分などの組織のことを「体組成」といいます。

たしかに、ダイエットの成果を明らかにする「道しるべ」としては、まだ体重やBMI（Body Mass Indexの略・身長と体重のバランスから体格をチェックする指標のことで、体重を身長（m）を2乗した値で割って求めます）が一般的ですが、タニタのおすすめする「ロハス」なダイエットには、この「体組成をはかる」ことが欠かせないのです。

体組成をはかることができるタニタの「体組成計」を使い、からだの状態をチェックすることで、ダイエット中のからだを確認するための指標を数値で知ることができ、筋肉などの必要な組織を増やして、脂肪を減らす理想的なダイエットができるわけです。

ダイエットで大切なのは「筋肉」を減らさず「脂肪」を減らすこと

「1週間で3キログラム減！」

このようなインパクトのある数字が踊るダイエット成功者の声に触れ、自分でもトライし、一喜一憂されてきた方はたくさんいることでしょう。

でもこれは、本質的なダイエットではありません。体重を減らすことだけに注目しているからです。

ダイエットで大切なのは「脂肪」を減らすこと。そして、この結果、体重が減るというものです。体重が減ることはあくまでも結果であり、最初から体重を減らすことだけを目的にすることはふさわしくありません。

脂肪は、「皮下《ひか》脂肪」や「内臓脂肪」のほか、血液の中に含まれる脂肪分、細胞膜を構成する脂質などの総称です。その脂肪の量が体重に占める割合を体脂肪率といいます。

「ロハス」なダイエットで重要なことは、この体脂肪率をコントロールすることなのです。消費エネルギーと摂取エネルギーのチェックをしながら体脂肪率を適性値に抑えることで、健康的な美しいからだをキープすることができるのです。

栄養バランスのとれていない無理な食事制限だけでダイエットに成功しても、栄養不足からからだに必要な成分まで失われてしまい、消費エネルギーのおよそ70パーセントを占めると言われる「基礎代謝」が低下してしまうという恐ろしい事態を引き起こします。これは一見やせたように思えますが、実は以前より太りやすい体質になっているのです。ですから、ダイエット前の食事に戻すと体重も元どおりどころか、ダイエット前よりさらに増えやすくなってしまいます。

そうならないためにも、基礎代謝消費の主となる筋肉量を減らさず、脂肪を減らすことを意識したダイエット方法をとっていただきたいのです。

筋肉量を減らさないために、しっかりとたんぱく質などの筋肉の元になる栄養素を摂り、運動をして増やすことがポイントです。そして、過剰なカロリー摂取を控え、ウオーキングやジョギングなどの有酸素運動で脂肪を効率的に減らすことです。このようなダイエットをすると基礎代謝の低下を防ぐことができ、リバウンドしにくくなります。

このようなダイエット方法はすぐに結果が見えにくく、ゆっくりとやせていく傾向がありますが、「短期間でリバウンドすることが少ない」ことも特徴といえます。

ダイエットを成功させて長期的に健康なからだを手に入れるためには、脂肪を効率よく減らすことを心がけましょう。

脂肪は減らしすぎてはいけません

でも、脂肪の減らしすぎには注意しましょう。

脂肪というだけで、ダイエットの敵だと思われがちですが、脂肪にはさまざまな役割があります。意外に思われるかもしれませんが、実は、脂肪は減らせば減らすほどいいというわけではありません。

脂肪を減らしすぎると、とくに女性は美容や健康を損なうことになりかねないからです。やみくもに脂肪を減らすことは、「ロハス」なダイエットの条件のひとつ、「健康的に美しくやせられる」が満たされないばかりか、大切な女性としての機能を失いかねません。とても理想のダイエットとはいえないのです。

脂肪は、エネルギーの貯蔵庫でもあり、活動を支える「筋肉」の栄養源でもあります。ほかにも、こんな働きがあります。

- **体温を保つ**
- **肌に潤いを与える**

・女性らしい美しいボディラインをつくる
・正常なホルモンの働きを助ける（とくに女性ホルモン）

適正な脂肪をキープすることが、いかに大切かおわかりいただけるでしょう！

繰り返しになりますが、脂肪は多すぎず、少なすぎず、適度なバランスを保つことがポイントです。

ダイエット成功のカギは「基礎代謝」

では、どうしたら「ロハス」なダイエットを成功させることができるのでしょうか？　そのカギを握るのが「基礎代謝」です。

基礎代謝とは、生命を維持するのに必要なエネルギー代謝のこと。

具体的にご説明しましょう。

人間は呼吸しなければ生きられません。その呼吸をつかさどる肺や、血液を全身に送る心臓などの臓器を一秒たりとも休まず動かしたり、体温を保つ働きをしたり、姿勢を保つための筋肉の働きに使われているエネルギーが基礎代謝なのです。

横になり、じっとしていても消費され、1日の消費エネルギーのうち約70パーセントがこの基礎代謝として使われています（基礎代謝以外、残りの「20パーセント」程度が歩いたり、座ったりといった「日常生活の活動で消費」され、残りの「10パーセント」程度が食餌《しょくじ》性《せい》熱《ねつ》産生《さんせい》（ＤＩＴ）といって、食事時の消化・吸収の過程で消費されると言われています）。

たとえば、平均的な体格でデスクワーク中心の20代女性に必要な1日の摂取カロリーは、厚生労働省策定の「日本人の食事摂取基準」によると「約1750キロカロリー」とされています。その場合の基礎代謝量は、1200キロカロリー程度で、摂取カロリーとして設定されている値の約70パーセントを占めています。

1日の総消費エネルギー量の内訳

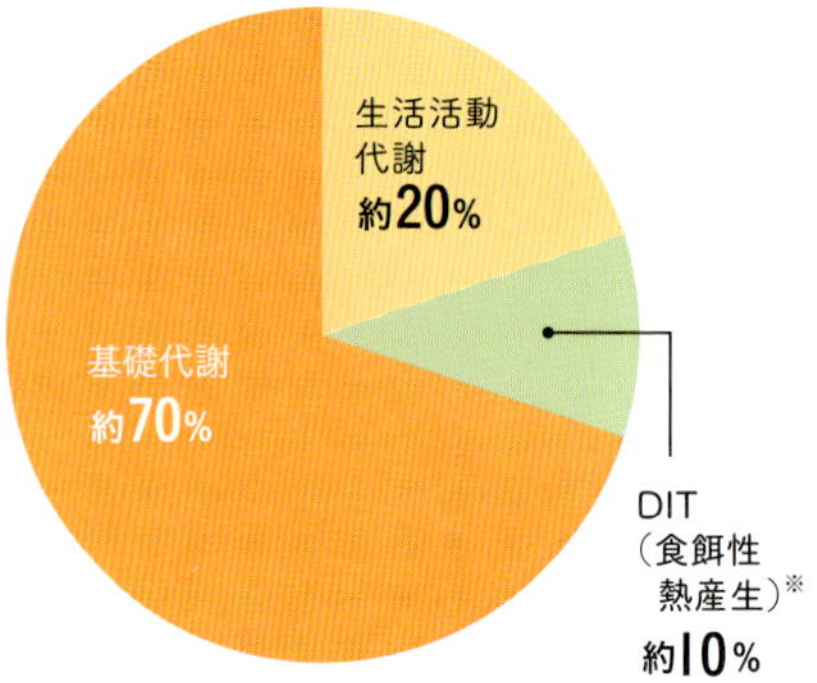

※DIT：食事（噛む、消化、吸収、代謝）などにともなう消費エネルギー
参考／厚生労働省「日本人の栄養所要量」より

また、運動で消費するエネルギー量より、実は基礎代謝で消費するエネルギー量のほうが多いことも忘れてはならないポイントです。だからこそ、基礎代謝はダイエット

成功のカギと言えるのです。

「脂肪を消費しやすいからだに！」とは、よく聞くフレーズですが、まさに基礎代謝を高めることによって、何もしていない状態でも常に脂肪を消費し、体重を減らすことができます。そうです。この基礎代謝量の増減が、脂肪のコントロールに大きく影響しているのです。

じっとしているときにも消費するエネルギー＝基礎代謝量を増やせば、活動しているときの消費エネルギーである「活動代謝」も基礎代謝量の倍数で増え、もれなく「1日全体の総消費エネルギー」も増えます。そのように消費されるエネルギーが増える一方で、「摂取エネルギー（食事）」が一定であれば、エネルギー収支がマイナスとなり、脂肪は消費され体重は自然と減っていきます。

逆のケースではどうでしょう。

ダイエットをする際に食事制限などで「摂取エネルギー」を極端に制限すれば、一時的に体重は減ります。しかし、栄養バランスを考慮せず、ただ摂取を減らした状態では、からだの中の大切な組織を作るための栄養素も不足してしまい、脂肪だけでなく筋肉などの組織までエネルギーとして消費し、削っていることに。こうなると基礎代謝が落ちて「やつれている」状態になり、肌の調子や体調が乱れるだけでなく、エ

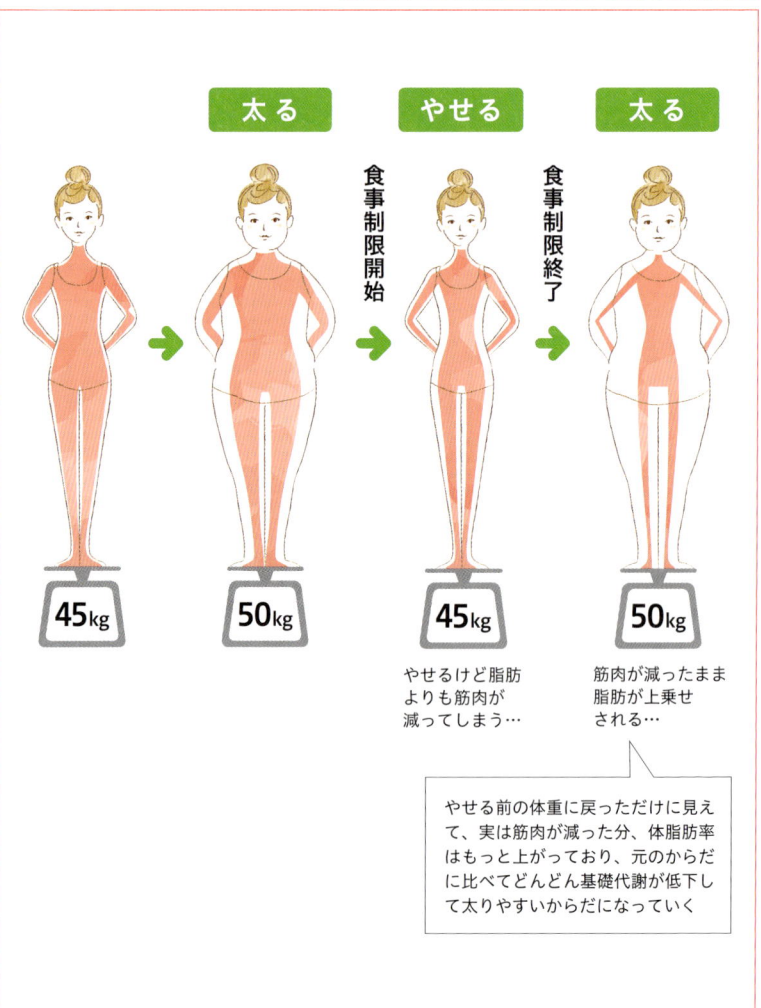

リバウンド！ ますますやせにくい体質に！

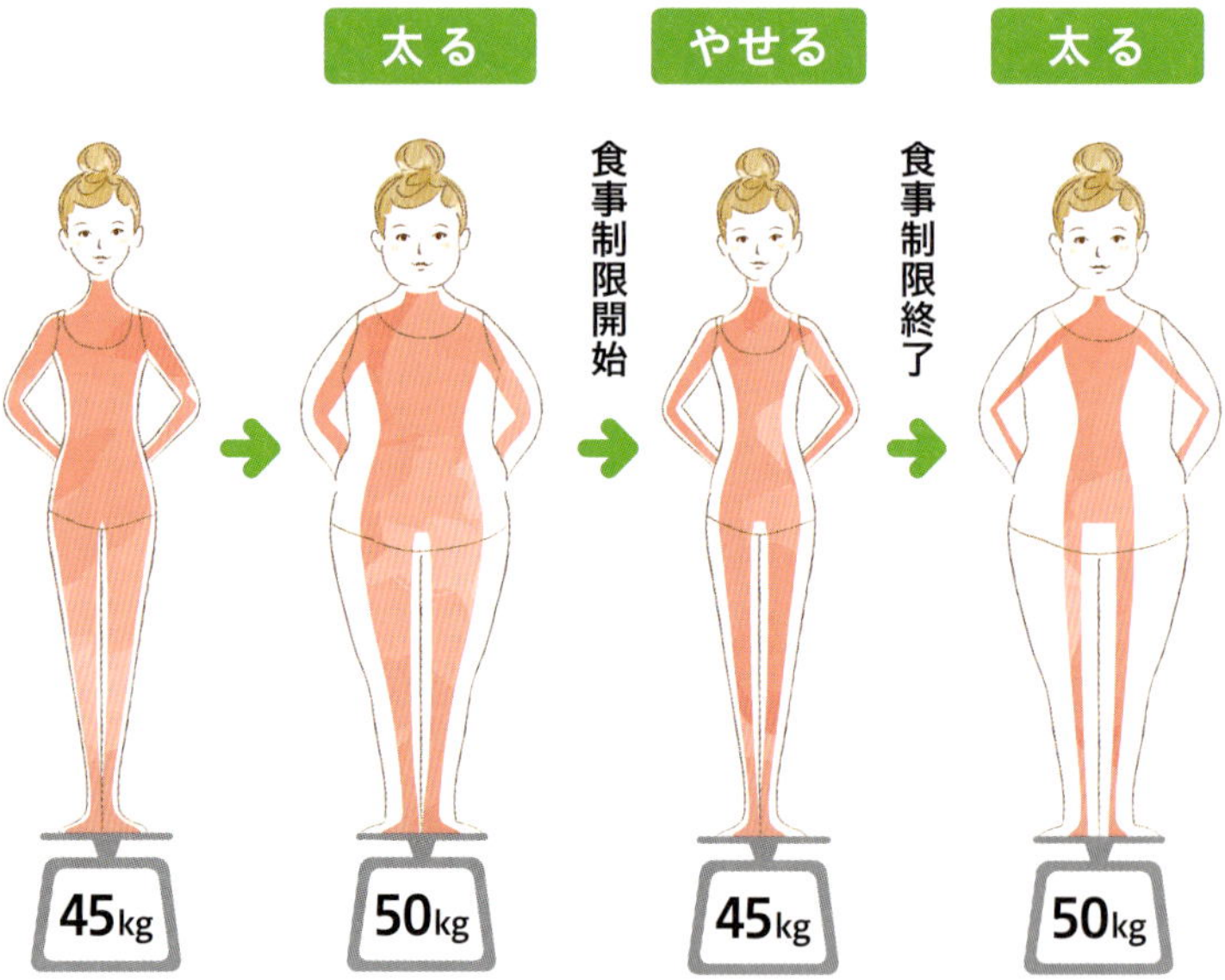

やせるけど脂肪
よりも筋肉が
減ってしまう…

筋肉が減ったまま
脂肪が上乗せ
される…

やせる前の体重に戻っただけに見えて、実は筋肉が減った分、体脂肪率はもっと上がっており、元のからだに比べてどんどん基礎代謝が低下して太りやすいからだになっていく

ネルギーが消費されにくい、代謝効率の悪いからだになってしまいます。

この状態では、基礎代謝が低くなっているため、「消費エネルギー」自体が減少してしまっているのです。体重が減ったからといって、「摂取エネルギー」を元に戻すと、そう、消費されない余分なエネルギーが脂肪として蓄積されやすくなるのです。そうすると体重はダイエット前に戻るばかりか、さらに増え、ますますやせにくい体質に！　そして、基礎代謝は低いまま、悪循環は続きます。

これがダイエットの天敵、リバウンドの正体です。

脱！　リバウンド、効果的な方法があります

「ロハス」なダイエットの条件のひとつ、「リバウンドしない持続可能なダイエット」のためにやるべきこと。基礎代謝をコントロールするためにはどうしたらいいのでしょう。

大きなポイントは、「筋肉」です。

筋肉は、基礎代謝のなかでもっとも多くエネルギーを消費しています。そう、基礎代謝量は「筋肉の量」によってほぼ決まるということ。つまり、筋肉が多ければ基礎

代謝が高くなります。そして、脂肪が消費しやすくなり、体重が減っていくのです。

基礎代謝量が増えるということは、「食べても太りにくい」体質になるということです。同じ50キログラムの体重でも、体脂肪率が高く、筋肉量の少ない人は筋肉量の多い人より「消費しにくいからだ」ということ。そうなのです、基礎代謝を無視しては、ダイエットは始まらないのです。

しかし、現在でも多くの方が、「やせる＝体重を減らす」ことに関心を寄せています。結果、ダイエットの過程で減らしてはいけない「筋肉」までも減らしてしまうことがあります。「脂肪」を減らしても「筋肉」は減らしてはいけません！

なにより、たるみのない引き締まった美しいからだをつくってくれるのも筋肉です。さらに、筋肉は血流・血行を良好に保ち、むくみの解消にも関与するとも言われています。美しく健康的なからだを手に入れるために、筋肉はとても大事な要素なのです。

体重を減らすことと、スタイルがよくなることは、必ずしも同じではありません。体重を減らす

だけでは美しいからだのラインを作ることはできないからです。

「美しいスタイル」に欠かせないもの、それは「筋肉」なのです。たとえば、バレリーナのあのしなやかで美しいからだのフォームは筋肉によるものです。筋肉がからだを引き締め、美しいラインを作っているのです。

脂肪を消費しやすくするには？

脂肪を消費するというのは、筋肉を動かすためのエネルギーを脂肪を元にして作るということです。人が運動すると筋肉が動きます。そしてその筋肉を動かすエネルギーを作る元が脂肪なのです。

肥満になると、エネルギーの元となる脂肪はたくさんあっても、それをエネルギーとして使う筋肉が少なくなっていることに！

筋肉を増やすには、運動と食事がポイントです。そして次に挙げることを心がけることをおすすめします。

運動

●日常生活のなかで積極的にからだを動かす（無理な目標よりもまずはここから始めましょう）。

さらに余裕がある人は、

●腹筋やスクワット、ダンベル運動など筋肉を鍛えるトレーニング（無酸素運動）で筋肉を活性化させる（キツくない程度、短時間でＯＫ）。

●このような無酸素的な筋力トレーニングと、全身を使う有酸素運動（フィットネス、ウオーキングなど）を組み合わせると、さらに効果アップ（テレビを見ながらその場ででも上げ＆ときどきスクワットなど軽いものでもＯＫ）。

食事

●極端なカロリー制限、食事制限はせず、３食をバランスよく摂る。

●筋肉量を増やすために、良質なたんぱく質（肉、魚、卵、大豆製品など）を適量摂る。

食べたものを効率よくエネルギーとして代謝させるビタミンB_1、B_2、B_6をしっかり摂る。

まず、突然高い目標を掲げるよりも、日常生活のなかでできる限り活動量を増やし、筋肉を使うことを意識しましょう。たとえばエレベーターではなく階段を使うだけでも筋肉が鍛えられ、エネルギー消費が3倍になります。

もっと運動を頑張れる人は、筋力トレーニングなど、からだの一部を鍛える「無酸素運動」が効果を上げてくれます。

また、筋肉の元となる肉類、魚介類、卵類、大豆製品、乳製品に多く含まれる「たんぱく質」を適量摂りましょう。

このような方法を取り入れることで、「ロハス」なダイエットの条件のひとつ「無理せず、自然に」が満たされ、からだに負担のかからないダイエットを実現することにつながるのです！

1カ月で1・5キログラムから2キログラムを減量目標にしましょう

1日「50グラム」を目標に、「少しずつ」と意識して減らしていきましょう

極端に食事を制限すると筋肉量が減って基礎代謝が低下し、リバウンドしやすいからだになります。同様に「短期間で急激に体重を減らす」ことも、からだの「恒常性」を保とうとする反応を刺激してしまい、リバウンドしやすくなると言われています。

……これはとても大切なポイントです。そう、ダイエットを長い目で見て成功させたければ、急がず、無理なく、少しずつが鉄則なのです。

では、どのくらいのペースで体重を減らしていくのがベストでしょうか?

タニタのおすすめする「ロハス」なダイエットでは、1日に50グラムずつ、1カ月で1・5キログラムから2キログラム程度を目安に、急ぎすぎない目標をもつことが、リバウンドを防ぐためにも必要です。また、このペースでダイエットすることで、か

らだは自然と体重変化に慣れるため、急激なダイエットのときに見られる停滞期に陥りにくく、スムーズに減量をすることができるのです。

1カ月で「1キログラム」の脂肪を減らすなら

「1キログラムの脂肪」を減らすには、「7200キロカロリー」のエネルギー消費が必要！　かなりハードルが高いと思われますが、実はちっとも無理なことではありません。1カ月（30日）なら、1日240キロカロリーを余分に消費すればいいだけなのですから。

この「240キロカロリー」を、摂取と消費のバランスを考えて減らすわけですが、運動だけで消費しようとするなら、標準的な体格の女性であれば早歩きでのウオーキングを毎日80分ほど行わなければなりません（早歩き10分は30キロカロリー。厚生労働省「健康づくりのための運動指針2006」運動で消費するエネルギー量より）。運動だけで使ってしまおうと思ったら、運動が苦手な方にはちょっと大変……ですよね。

そこで、このウオーキングを、ちょうど気分転換にもなりそうな「30分」として「90キロカロリー」消費し、残りの150キロカロリーは食事で調整してみましょう。

食事の際、米飯一杯（しっかり盛ると150グラム、240キロカロリーくらい）を少なめ盛りの100グラム（約160キロカロリー）にして「80キロカロリーマイナス」とします。あとはお菓子や間食の調整で70キロカロリー以上減らせば、意外と簡単なんです。

お菓子は、ポテトチップスならたった5分の1袋を控えるだけで100キロカロリー以上マイナス。どら焼きや、ケーキを半分やめるだけでも軽く100キロカロリー以上のマイナスに。普段お菓子を何気なく食べている方なら、それをちょっと改めるだけで簡単にマイナスにできますね。お菓子をあまり食べない方なら、マヨネーズ大さじ2杯（140キロカロリー）を使っていたサラダの味付けを、ポン酢や酢（大さじ1杯9キロカロリー）に換えるだけでも130キロカロリーもマイナスにできます。

ここでお伝えしたいことは、「はかる」ことがとても大切ということ。普段から何気なく調理するのではなく、何事もはかることで余分なカロリー摂取を抑えることができるのです。

このように、運動などの活動量を増やしたり、食事量を抑えたりなどして、摂取と消費のエネルギー収支をコントロールしながら、これまでの生活習慣を改善していくことが大切です。ここは工夫のしどころです！

1カ月で1kgの脂肪を減らすために……

脂肪1kg＝7,200kcal

↓

1カ月（30日）なら、1日240kcalを消費すればOK！

↓

240kcalを運動だけで
消費する場合

→ **速歩でのウオーキング80分**
（速歩10分＝30kcal）

240kcalを
運動＋食事で
消費する場合

＋

→ **速歩でのウオーキング30分**
（30kcal×30分＝90kcal）＋
食事（−150kcal）

↓

●食事で−150kcalにするには……

❶米飯（精白米）一杯（150g＝約240kcal）を、
少なめ盛り一杯（100g＝約160kcal）にする

↓

-80kcal

❷ポテトチップを 1/5袋 or どら焼き、ケーキなら1/2 控える
（スイーツを食べない人なら、サラダの味付け・マヨネーズ大さじ２杯を
ポン酢１杯に変えれば−130kcalも減！）

↓

−100kcal

❶＋❷＝−180kcalを達成！

これで、150Kcalをさらに30Kcalもマイナスにできます！

そして、普段の生活でなかなか消費エネルギーを増やせなければ、歯磨きしながらの屈伸運動や、料理しながらのつま先立ちといった「〜しながら運動」、部屋着でリラックスしてできる「部屋トレ」など日常生活のなかで消費エネルギーを増やしてみるのもおすすめです。

もっと「時間のない方」向けにも、わざわざ時間をとって「運動しよう」としなくても消費エネルギーを増やす方法がたくさんあります。

たとえば、乗り物に乗っても座らないで立っていれば、それだけでその間の消費エネルギーは2倍になり、今までエレベーターで昇り降りしていたところを階段を使うと、その間の消費エネルギーは3倍に！　こうして考えると、ちょっとした「消費エネルギーの稼ぎどころ」を意識して、今までできるだけ「楽なほうへ」と向かっていたところを、「ちょっと面倒なほうへ」とシフトさせるだけでも意外と活動量を稼ぐことができることがわかりますよね。

このように、できることから「無理なく、自然に、楽しく」「ちょっぴり意識して」……を積み重ねるうちに、気付けばきっと「なりたかった自分」に近づいているはずです。

その2

「はかる」ことは、ダイエット成功の近道

はかった数値を記録して生活習慣を見直しましょう

「はかる」ことで自分のからだの「課題」がわかります

前述したように、「ロハス」なダイエットの原則の第1は、「摂取カロリー」と「消費カロリー」をコントロールしようという意識を持ち、食を含めた生活習慣を無理せずできることから見直すことにあります。

では生活習慣は「何を基準」に見直せばいいのでしょうか？

それは、「はかる」ことによって得られる数値の変化を見ること。

日々の自分のからだの変化を知る、もっとも簡単な方法は、「はかる」ことです。

「太ってしまったけど、何が原因なのか、よくわからない」

ダイエットで挫折してしまう方によく見られる疑問です。

「たぶん、食べ過ぎかも」とか、「運動しないからかも……」と、自問自答するでしょう。でも、「たぶん」「かも」と言っているようでは、ダイエットを成功に導くことはできません。

気づかずにしている、自分の生活習慣のなかの太る原因につながるポイントに「まず気づくこと」が「やせる」近道！

これは難しいことでしょうか。いいえ、無理をして頑張る必要はありません。

タニタのおすすめする「ロハス」なダイエットでは、ちょっと気づいたことを、今の生活習慣よりほんの少しよいほうへ、できることから少しずつ変えようと意識するだけでいいのです。

はかることで自分のからだの「課題」が見えてきます。

たとえば、体重の増減の理由が「脂肪によるもの」か。または「体重は増えていないけれど脂肪が増えている」「いまはやせているけれど基礎代謝が低いため、このままでは太る可能性がある」など、からだの「中身」の状態がわかってくるということなのです。

だから正しくやせられ、続けられます

自分のからだの数値・データがわかっていないまま、やみくもにダイエットをしてもなかなか長続きはしません。

自分のからだの状態がわかれば、無理のない目標設定ができ、頑張ったことで自分のからだが変わっていくことも数値で具体的にわかります。そして、適量の食事と適度な運動を継続的に意識し続けるモチベーションの維持にもつながります。正しいダイエットができていれば、脂肪が減る様子が目に見えてわかるので楽しくなります。

無理なダイエットをしても理想的な結果が出ないばかりか、途中で挫折したり、からだに負担がかかり、最終的にはリバウンドの繰り返しに悩むことになってしまいます。

ダイエットで大切なことは、目標を達成して終わるのではなく、その状態を保ち、

その状態を続ける、つまり「習慣化」することにあるのです。

はかって記録に残します

タニタのおすすめする「ロハス」なダイエットの原則の第2は、「はかって記録する」ことです。

毎日の食事量・内容や活動量・運動内容を把握するには、「はかって記録する」というごくシンプルなことが驚くほどの効果を発揮します。タニタは、これを「セルフ・モニタリング」と呼び、おすすめしています。

「記録」するなんて面倒……と思われた方、ちょっと考えてみてください。紙とペンさえあれば、それこそあっという間……5分もかかりませんよ。

必要なのはただ「記録しよう」という決意だけ。まずは「はかる」ことを習慣にしましょう。

面倒とか大変とか思わず……そして、「絶対継続するぞ」なんて気負わず、とにかく気楽に始めてください。

あまり細かい数値にとらわれなくてもよいのです。まず、試しにはかってみて、「へー、こんな感じなんだ」程度で十分です。

1日1回、体組成計で決まった時間に「はかる」ことにより、現在の自分のからだの数値、たとえば、体重や体脂肪率や基礎代謝量などを把握します。

最初は簡単なメモでも構いません。とにかく記録しましょう。慣れてきたらパソコンなどを使ってグラフにしてひと目で変化がわかるようにすると、記録していくことが楽しくなるはずです。

また、体重は1日のなかでも食事や運動などの活動によって1キログラムから2キログラムは変動するため、多少の体重の増減に一喜一憂せず、長い目でその数値の傾向と推移を見ていくことが大切なのです。

毎日続けてはかりましょう

毎日、はかり続けると、少しずつ数値が変わるのがわかってくるでしょう。

たとえば、「1週間前と比べると体重が1キログラム減っている!」……とわかります。そして、日常生活であった特記事項や食事・運動の内容など（外食した、旅行した、ショッピングした、ウオーキングを何分した、何を食べたかなど）をメモしておくことで、やがて太った・やせた原因にも気づくようになるでしょう。簡単な日記のように「自分の記録」としても読み返して楽しめるようになってきます。

「来週にはどうなっているだろう」という期待も膨《ふく》らみ、「はかる」ことが楽しみになるでしょう。

数値が示す効果に気づくと、朝昼夜の食事内容や量に一層気を配るようになります。今まで以上にウオーキングの時間を増やすなど、生活習慣をもっと変えてみようという、やる気が出てきます。

そしてその意欲は「はかり続けよう」とする強い意志を生み、その結果、ダイエットが楽しいものとなるはずです。

また、どのような食事をするとよいか、どのように運動を取り入れたらうまくいくか、無理なく自分のペースで取り入れやすい生活改善パターンも具体的にわかってくるはず。こうなると自分に合ったパターンでよりよい効果が生まれ始めますから、生活リズムはどんどんよいほうへ転がり始め、そのリズムが自然なものとなります。

1日の、1週間の、1カ月の、もっと長いスパンでの行動パターンや、陥りがちな失敗にも容易に気がつくようになるでしょう。

からだは確実に変わっていきます

逆に言えば、はからなければ、からだの変化はわかりません。

努力の結果は数値によって表れます。継続して「はかれば」、数値の変化が「わかり」、その変化の意味するところに気づき、よりよい方向に「変わろう」とする意欲が湧いてきます。

それればかりか、自分のからだを客観的に見ることができるようになります。そうなればしめたもの！　客観的に見ることで、自分のからだに対する「もっとよくしたい」という気持ちが具体的になり、自然と意識するようになります。そして、改善意識が高まってくれば、生活習慣の乱れが改善されることになるのですから。

こうしてリバウンドの大敵だった「自己管理」ができるようになると、自分のからだと生活習慣や、からだの仕組みとの因果関係が見えてきます。そうすれば、これまではアクセルを踏んで無我夢中で突っ走るだけだったダイエットの、ブレーキのかけ方や力の抜きどころもうまくなることでしょう。

つまり、ダイエットの成功は、まず、気楽に「はかってみる」ことから始まるのです。

1章のまとめ

○「食事（摂取）」と「運動・活動（消費）」をコントロールするよう意識しましょう

○「体組成計」でからだの状態を「はかる（チェックする）」ことを習慣にしましょう

○「はかる」を続けていけば、からだの状態が「わかる」ようになります

○「はかる」→「わかる」で改善意識が高まり、自分のペースで生活習慣の乱れを直していくための気持ちの変化と行動の変化、「変わる」が自然に起こります

○「はかる」→「わかる」→「変わる」のサイクルができれば、いつの間にか自己管理ができるようになって、美しいスタイルをキープできるようになります

以上を意識し、実践することで、「無理せず、自然に、健康的に美しくやせられ、リバウンドをしない持続可能な理想的なダイエット」が実現できます。これがタニタのおすすめする「ロハス」なダイエットです。

2

「ロハス」なダイエットに役立つ知識

その1

からだのこと

ダイエットに停滞期があるのは当たり前と理解しましょう

正しいダイエットをしているはずなのに、なかなか体重が減らない、あるいは、まったく成果が出ない、いったいどこがいけないの⁉　という経験は、ほとんどの方がしているのではないでしょうか。

それは仕方のないことです。でも、投げ出してしま

うのは待ってください。

人間のからだは急激な変化を嫌い、「恒常性」というからだの状態を保とうとする作用があります。体重が急にどんどん減っていく……ということは、からだにとっては異常な事態。からだが危機感を感じるほどの急激な減量には、さまざまな恒常性を保とうとする生理機能が働いて、「待った」がかかる、つまり停滞期に陥ることは自然なことなのです。

反対に3カ月、半年と時間をかけて少しずつからだを慣らしながら脂肪を減らした場合には、停滞期に陥ることが少ないと言われています。また、リバウンドしたり急激に体重が増えたりしにくくなります。健康的なダイエットに「焦り」は禁物。「ゆっくり自然に少しずつ」と心得ましょう。

からだに負担をかけず少しずつ……ゆったりした長い目で見て、「停滞期」は「ちょっとした寄り道」くらいの大らかな気持ちで心に余裕を持ち、好きな運動だけを重点的にやったり、趣味に打ち込むなど気分転換したりして乗り切りましょう。

停滞期が続いてもかまいません。ちょっとくらい体重が増えてしまってもいいんです。大切なのは、せっかくここまで頑張ってきたことを投げ出してしまうことなく、あきらめずに続けるということなのです。せっかく身についた「はかる」というよい習慣をやめてしまわず（ときどきはサボってもいいのですが）、停滞期も「できるだけ毎日はかる」ことを続けてみてください。

停滞期でも、毎日はかることで体重は減らないけれど基礎代謝が上がってきた、筋肉量が増えてきた、などのからだの変化の兆しが少しずつ見えてきます。これが停滞期を乗り越えるヒントになると思います。

停滞期は人によってその期間はまちまちですが、この停滞期が過ぎれば、からだは確実に変わっていきます。気分転換しながら、あきらめないで気楽に頑張りましょう。

食事と行動を変えるだけで、年々低下する基礎代謝を減らさず高めることができます

30～40代は基礎代謝が大きく低下する時期

20代のころには簡単にやせることができたのに、30代以降は同じダイエットをして

も同じ成果が出なくなったという声をよく聞きます。

でも、それは自然なことなのです。

30〜40代は、キャリアアップや仕事内容の変化、結婚、出産など女性のライフステージが大きく変化する時期です。

基礎代謝の年齢変化

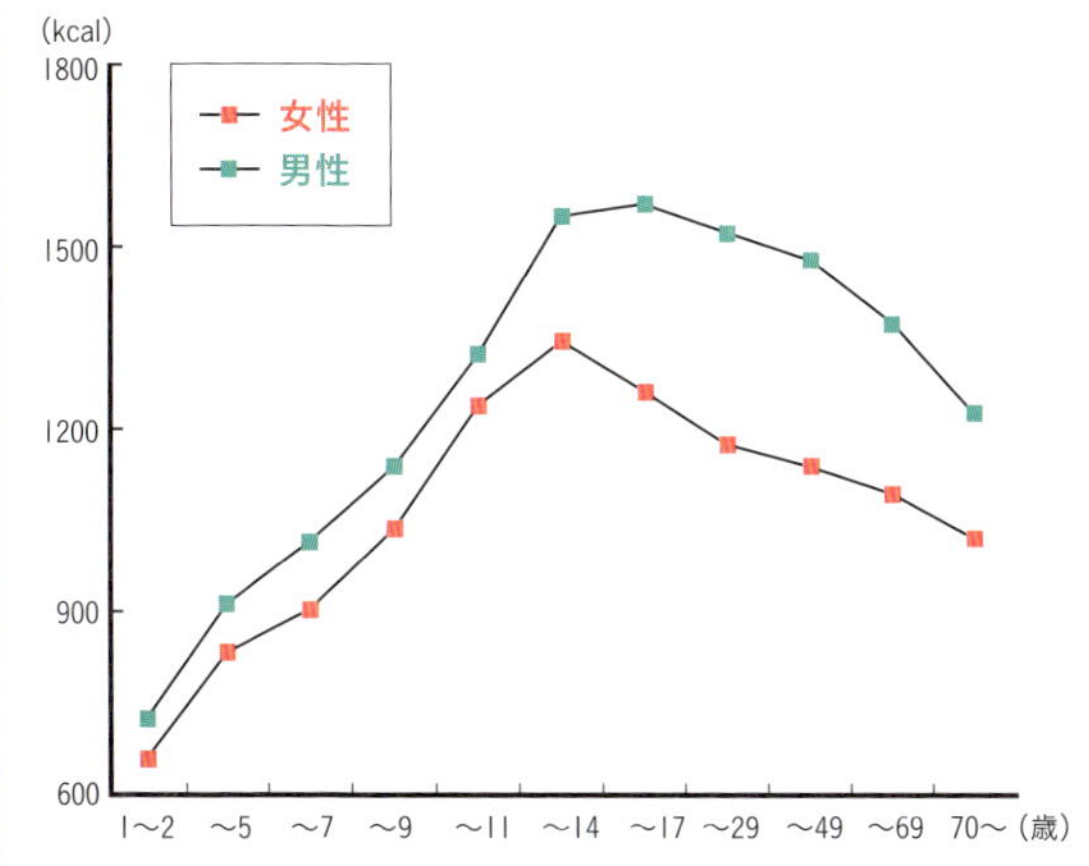

出典：厚生労働省「日本人の食事摂取基準（2010年版）」より

同時に、この時期はからだの中でも大きな変化が。実は、基礎代謝が低下していく時期にあたるのです。

「やせやすく太りにくいからだ（エネルギーをたくさん使うからだ）」のためには、基礎代謝が高いことが絶対条件であることはお話ししました。実は、基礎代謝は生まれてから思春期までは上昇しますが、10代後半をピークに徐々に低下していきます。なぜなら、からだが成長する時期を過ぎて、からだが完成してしまったあとは、からだを「維持」するエネルギー以外は必要なくなるからです。

これに加えて30代後半になると、年齢によるホルモンバランスの変化や、筋肉量の減少、運動不足なども影響して基礎代謝が大きく低下してしまいます。この年齢による基礎代謝の低下を考えずに、若いころと同じ量の食事をしていると、カロリーを消費しきれない食べ過ぎの状態になり、徐々に太ってしまうのです。

このように、1日の「エネルギー消費」の約70パーセントも占める基礎代謝が、年々緩やかに低下していくため、たとえ20代のころから毎日規則正しく「同じ生活」「同じ食事量」を保ち続けたとしても、30代、40代では気がつけば余分な脂肪が蓄積され、太っていたということになってしまうのです。

それでは、具体的にどのくらい余分な脂肪が増えてしまうのでしょう。

1年でたった0・3キログラム増ですが……

18歳のころの基礎代謝を基準とした場合で計算してみましょう。

基礎代謝が低下して余ったエネルギーが脂肪として蓄積された場合、単純計算では女性では0・3キログラム程度の脂肪が1年で増えることに。

こうして、年々少しずつ余ったエネルギーが脂肪になって蓄積したらどうでしょう。増加した体重分を維持するために使われるエネルギーを考慮しても、30歳になるころには3キログラム程度、40歳になるころには6キログラム程度も脂肪が増えてしまう計算になるのです。

こうした事態を回避するために、どうすれば基礎代謝を高めることができるのでしょうか。

行動編

【〝体組成計〟で基礎代謝量をチェックすること】

脂肪消費効率が高いからだであるかどうかは「体重1キログラムあたりの基礎代謝（基礎代謝基準値）」で判定します。この判定ができるタニタの基礎代謝判定機能のついた体組成計でチェックしましょう。

【毎日できるだけ積極的にからだを動かし、〝活動量計〟でチェック】

特別な運動は必要ありません。エレベーターを使わずに階段を使う、電車やバスなど通勤時の乗り物でも座らずに立つなど、日常生活のエネルギー消費でも差が出てきます。筋力維持にも効果が。1日の総消費カロリーがはかれるタニタの活動量計「カロリズム」で数値をチェックすればモチベーションもUPして、動くのが面倒ではなく楽しくなります！

【簡単なストレッチやトレーニングで筋力をUPすること】

気分転換のためにも、会社や自宅でストレッチやエクササイズを取り入れ、とくに、背中や太ももなどの「大きな筋肉」を意識して動かしましょう。テレビを見ながらの「スクワット＆その場でもも上げ」のような「ながらエクササイズ」もおすすめ。

食事編

【極端な食事制限は行わないこと】

栄養バランスを考えずに食事量を急激に減らすと基礎代謝は低下します。とくに、たんぱく質はできるだけ減らさないように。「低カロリー高たんぱく」が理想。

【適量のたんぱく質をしっかり摂ること】

豆腐、卵、脂身の少ない肉、魚など。

筋肉を作るたんぱく質は、基礎代謝を高めるためにもっとも重要な栄養素。たんぱく質は、からだに吸収されるときにも熱を発散させるので、食後のエネルギー消費も高まります。

【ビタミンB群をしっかり摂ること】

豚肉、うなぎ、レバー、納豆など。

ビタミンB_1・B_2・B_6は、糖質、脂質、たんぱく質を体内でエネルギーに変えることをサポートし、エネルギー消費を促進します。

【ヨウ素の含まれるものを食べること】

海藻類、イワシ、サバ、カツオなど。

ビタミンB群と同様の働きがあり、エネルギー消費を促進します。

【アルギニンの含まれるものを食べること】

ナッツ、ごま、玄米、牛乳など。

筋肉の強化、疲労回復作用などがあり、エネルギー消費を促進します。

こうしたことを心がけて、毎日の活動代謝を高めれば、基礎代謝の低下を防いで、年齢とともに減少していく総消費カロリーを高めに保つことにつながります。

ホルモンバランスを知ってダイエットに生かしましょう

「ダイエット・チャンス期」はいつ？

女性の心とからだは、とても微妙なバランスで保たれています。

月経が終わるころ、「卵胞《らんほう》期」の初期では気持ちが安定し、からだが軽く感じられ、肌や髪の潤いを実感しますが、これは女性ホルモン「エストロゲン（卵胞《らんほう》ホルモン）」の分泌が増えるため。

女性のからだに周期的に起きる変化

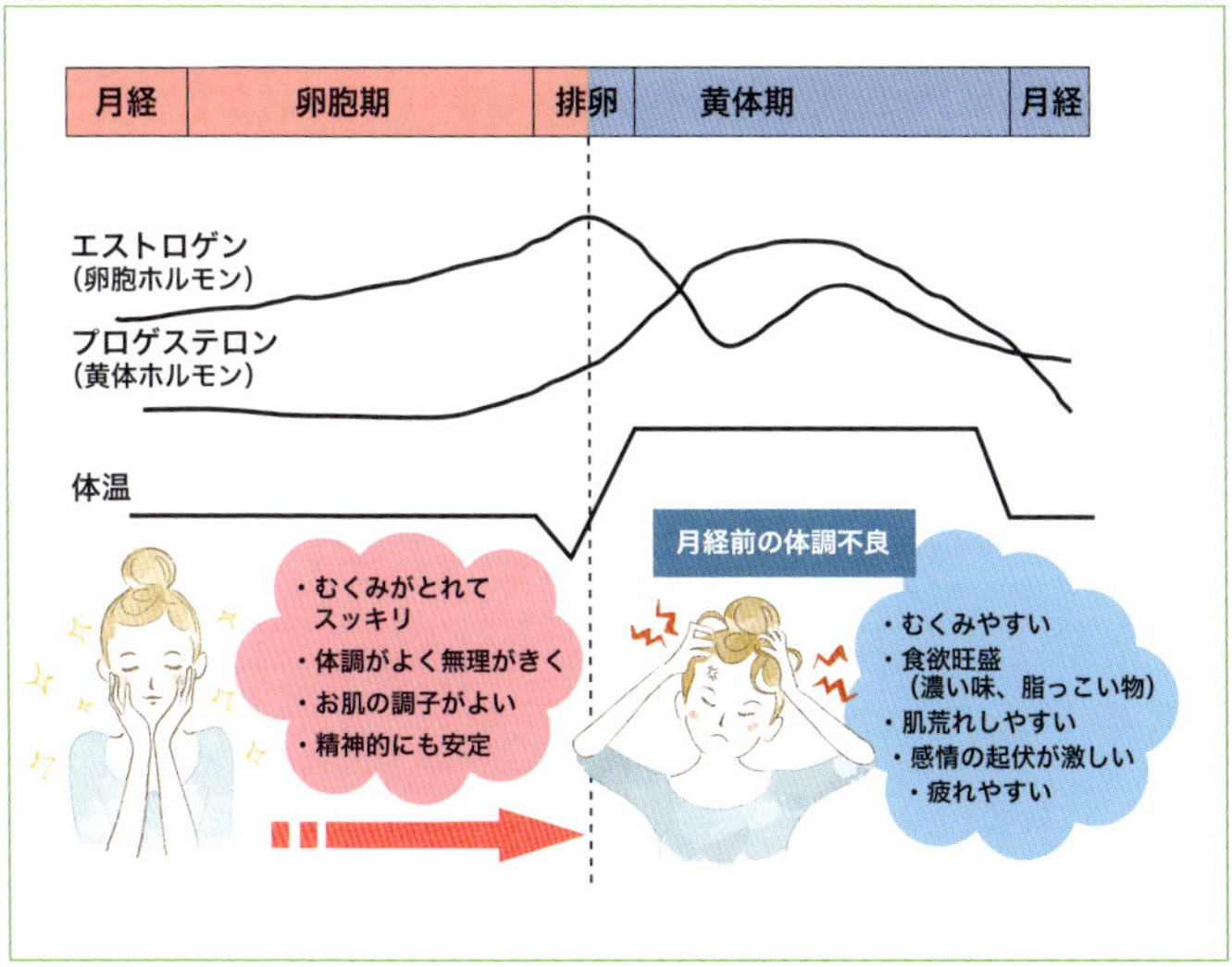

エストロゲンは、排卵と妊娠への準備を促すために心とからだを整える役割を持ち、分泌が上昇すると、別名「美人ホルモン」とも呼ばれるように、お肌や髪に潤いを与えるため女性としての美しさが増します。この時期は異性を惹きつける魅力にあふれた時期とも言われています。

排卵前までエストロゲンの分泌が続くので、この期間がダイエット・チャンス期！ 月経までのイライラやむくみが取れて、からだが軽くなり、気持ちも前向きになりますから、エクササイズやダイエットを集中的に頑張るには絶好の時期なのです。

逆に、排卵後から次の月経までの「黄体期《おうたいき》」は、心もからだも不安定になります。イライラしたり、憂鬱になりやすかったり、甘いものが欲しくなったり、疲れやすく、手足の冷えや下腹痛を感じたりと、個人差はありますが、不安定になりがちな時期です。経験されている方も多いですよね。

これは、受精卵を着床しやすくするなど、妊娠や出産に欠かせない役割を持つ女性ホルモン「プロゲステロン（黄体《おうたい》ホルモン）」の分泌が盛んになるためと言われています。この影響を受けて、食欲のコントロールがしにくくなり、からだに水分をためこむ傾向になるため、むくみやすく、体重が増えやすくなるのです。

この「黄体期」には、お肌が乾燥したり、化粧のノリが悪くなったりと、美容面にも影響を及ぼすと言われています。

妊娠した状況に備えて、自分自身への防護が高まる傾向があり、心もからだも不安定なため、「黄体期」は「リラックスおすすめ期」と言えます。イライラしたり、憂鬱だったりとストレスを感じる時期ですから、自分にとって気持ちのいいことや好きなことをして気分転換し、なるべく休養をとるようにしてください。

無理なダイエットやストレスになるような過激な運動は、女性のからだの大きな負担になるので、できるだけ避けたほうがよいでしょう（運動することが好きで気分転換になる方なら、この時期に楽しく運動することは大変よいことです）。

ケーキなど甘いものが欲しくなるのは「セロトニン」不足も一因？

前述したように、月経前は気持ちも不安定になりがちです。これにはさまざまな要因があるのですが、とくに月経前には気持ちの安定に大きく影響を及ぼす「セロトニン」という脳内分泌物が減少することも一因とされています。

セロトニンは、脳内のさまざまな神経伝達物質に働きかけ、主に二つの機能を持っています。ひとつは、「精神を安定させる役割」、もうひとつは、満腹感を与え、「食欲を抑制する作用」です。

「むしゃくしゃするから、とにかく食べて発散しよう」と考えるのは、セロトニンが不足している可能性が高いと考えられます。つまり、精神が不安定で、食欲の抑制がきかないので、甘いものや過食に走ろうとするわけです。

なぜ「甘いもの」なのかといえば、これらを食べると一時的にセロトニンの分泌が増え、気持ちが落ち着くから。この状態をからだが覚えてしまい、セロトニンが不足すると、とくに甘いものへの欲求が強くなる、と言われています。

女性は男性に比べて、もともとセロトニンの脳内合成が少ないので、不足すると情緒不安定になったり、甘いものを中心とした過食に走りやすくなったりするそうです。

しかも「月経前の体調不良期」には、脳内のセロトニンの分泌量が低下するだけでなく、その伝達まで妨げられるとも言われ、さらにこの傾向が顕著になるのだとか。身に覚えがありませんか？

ダイエットするなら、「イライラしてきた」と思っても、そのたびに高カロリーの甘いものや過食に走るのではなく、ひと呼吸おいて一定のリズムで刺激のある運動をすることで、セロトニンの分泌を増やす努力をしてみましょう！　コツを覚えておけば簡単です！


【からだを動かす（セロトニン分泌によい運動）】


一定のリズムで刺激がある運動。ウオーキング、リズミカルなお部屋の掃除機かけやモップがけなどがよいですね。

運動する時間がないなら、座ってでもできる首回し体操も効果的。ゆっくり、深く呼吸しながら首をまわしましょう。

セロトニンの原料となる必須アミノ酸トリプトファンを多く含む「牛乳」や「チーズ」、「バナナ」、「大豆」、「マグロなどの赤身の魚」などを摂るのもよいでしょう。

【よく眠って太陽の光を浴びる】

良質な睡眠をとることでセロトニンの分泌量は増えます。また、起きたあとに太陽の光を浴びることで体内時計がリセットされ、不規則な睡眠によって減少しがちなセロトニンの分泌が正常に戻ると言われています。

【気分転換&リラックス】

ラベンダー、ローマンカモミール、マジョラムなどの香りはリラックス効果があり、セロトニン分泌にもよいとされています。よい香りで気分転換しましょう。

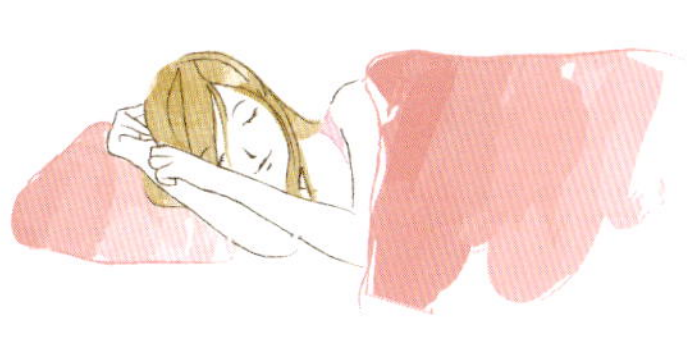

睡眠を十分にとりましょう

「残業続きで寝るのは深夜に。睡眠時間は平均4時間。こんなに働いているのに太ってしまった原因は？」

私たちは一生という時間のなかの、およそ30パーセントを「睡眠」に充《あ》てています。それほど睡眠は生きるうえで重要な要素です。

アメリカ・コロンビア大学の「睡眠と肥満の関係」についての研究を紹介した記事によると、〈一日の睡眠時間が平均7時間から9時間の人と比べると、4時間以下しか眠らない人は、なんと73パーセントが肥満になりやすい〉と報じられています。仕事や勉強に忙しい人にとっては、削るなら「睡眠時間」になりがちですが、「睡眠不足」は、実はダイエットには大敵！

では、なぜ睡眠不足だと太るのでしょうか。これには食欲を促進する「グレリン」というホルモンが関係しています。

睡眠不足の状態では、この食欲促進ホルモンが優位になり、脳に「お腹がすいた」という指令を出します。同時に「もう食べるな」という指令を出さなければならない食欲抑制ホルモンが減少。そのため、ついつい食べ過ぎることに。しかも、とくに甘い物やスナック、パスタなど高カロリーで糖質主体の食べ物への欲求が強まるとの研究報告もあります。夜更《ふ》かしするほど、夜中に甘い物やスナック菓子など食べたくなってガマンができなくなる……これって経験ありませんか?

こうした食欲調整の乱れが起きやすくなるため、睡眠時間が足りないと肥満につながると言われています。ダイエットするなら、睡眠にも注目です!

このような背景を踏まえ、タニタでは睡眠の状態を定量的に評価して表示する睡眠計「スリープスキャン」を開発・商品化しました。スリープスキャンは寝具の下に敷き、横になって就寝するだけでセンサーが脈拍数、呼吸数、体動を検出。睡眠の状態は、パソコン専用のアプリケーションで解析し、睡眠の深さを4段階のステージグラフで表示してくれます。

さらに睡眠時間や寝つき時間、途中で目覚めた回数などの情報から、睡眠の状態を定量的に評価する睡眠点数を算出するので、睡眠の過不足やリズムを自宅で簡単にチェックすることができます。そして計測日時の記録を睡眠日誌としてグラフ化し、睡眠習慣の時間的傾向を把握することもできるため、よく眠れた日とそうでない日の違いを振り返り、食事や運動などの日中の活動をはじめとする生活習慣の改善につなげることが可能になります。

その2

「食事」のこと

「主食」(黄)、「主菜」(赤)、「副菜」(緑)の三つの皿を揃えましょう

あいまいだった「3大栄養素」をおさらいします

「ロハス」なダイエットを実践するために、食事についてぜひ知っておきたいことをまとめてみましょう。

まず、エネルギーの元となる「3大栄養素」について。3大栄養素には、「糖質」

「たんぱく質」「脂質」があることはご存じでしょう。

【糖質】

米飯、パンなどの穀物類、果物や豆類、芋類などに多く含まれる糖質は、いわゆる「炭水化物」です。

炭水化物は、からだに吸収され血中で糖となります。この糖は、すぐにエネルギーになりやすく、からだや脳を動かす即効性の高いエネルギー源として使われます。ですが、エネルギーとして使われずに余ると、インスリンというホルモンによって脂肪に換えられ、体内に蓄えられてしまいます。即効でパワーを出すために大切なエネルギー源ですが、余分な糖質は脂肪のもとになるので摂り過ぎは禁物です。

【たんぱく質】

魚、肉、卵、乳製品、豆類にはたんぱく質が豊富に含まれています。

たんぱく質は、消化吸収されると「アミノ酸」に分解されます。たんぱく質にはいろいろな種類があり、それによって分解されてできるアミノ酸の種類や生理作用も異なります。

アミノ酸は、筋肉をはじめ、内臓、髪、爪などの成分で、ホルモンや酵素《こうそ》、免疫細胞も作ってくれる優れもの。身体細胞の基本成分であり、遺伝子情報のＤＮＡもアミノ酸から作られています。アミノ酸は大きく分けて2種類あり、体内で他の成分から合成できるアミノ酸と、体内では作ることができないため、どうしても食べることで摂取しなくてはならない特別なアミノ酸「必須アミノ酸」があります。

このため、さまざまな種類のアミノ酸を含むたんぱく質をしっかり摂らないと、免疫機能が低下し病気にかかりやすくなったり、生理不順などホルモンのバランスが崩れたり、筋肉が衰え、髪や爪に潤いがなくなったり、いろいろな不調を引き起こします。

また、たんぱく質は他の栄養素よりも食べたあと、からだに消化吸収される過程でたくさんのエネルギーを発生させます。つまり、食べながらエネルギーを使ってしまうのです。

たとえば１３０キロカロリーのたんぱく質を摂ると、そのうちの約30キロカロリーがこれで消費され、からだに吸収されるのは残りの１００キロカロリー程度となります。ほかの栄養素に比べてたんぱく質は消化吸収のためにエネルギーがより多く使われることは、知っておきたい知識ですね。

【脂質】

脂質《ししつ》と聞くと、即、「カロリーが高くて食べてはいけないもの！」のリストに載ってしまいがちですが、そうではありません。たしかに、糖質やたんぱく質と比較しても2倍以上もカロリーがあり、「摂りすぎには注意が必要」ですが、ちゃんとからだにとって必要な成分です。

脂質は、肉の脂身《あぶらみ》や揚げ物、バターなどのわかりやすい「あぶら」だけでなく、青魚、乳製品、ナッツやアボカドなどにも含まれています。

脂質には、エネルギー効率のよい貯蔵源としての役割だけでなく、細胞膜や臓器、そして神経などの構成成分となったりビタミンの運搬を助けたりするなどの重要な役割があります。さらに、最近の研究ではさまざまなホルモンを分泌したり調整する機能があることもわかってきています。脂肪の説明でもふれ

ましたが、美しい肌や髪のためにも、ある程度の脂質が必要です。

とくに青魚やくるみ、アマニ油、シソ油などに含まれる「オメガ3」や、オリーブオイルなどの脂肪酸には知っておきたい効果があります。それは、コレステロール低下や血圧の改善にも役立っていること。「あぶら」ということですべてを敵視せず、魚や木の実などの質のよい脂質は上手に組み合わせて積極的に摂るようにしましょう。

「主食」（黄）、「主菜」（赤）、「副菜」（緑）の3色のお皿

食事の基本バランスは、米飯など穀類の「主食」を基本に、肉や魚、卵、大豆などのたんぱく質主体のメーンのおかず「主菜」、たっぷりの野菜、きのこ、海藻などの「副菜」プラス汁物……そう、実は和定食のバランスが理想的なのです。

そして、1日の必要摂取量を意識して、カロリーを摂りすぎない工夫をすれば、ほぼ完璧です。

理想のバランスに揃える簡単なコツとして、まず、食卓に3色の食材を揃えるようにしてみましょう。

3色とは、

・米飯、パン、麺類などの主食となる、糖質中心の「黄」
・肉、魚、卵、大豆などメーンのおかずとなる、たんぱく質中心の「赤」
・野菜、きのこ、海藻などの副菜となる、ビタミン、ミネラル、食物繊維中心の「緑」

……とまずは簡単に覚えましょう。

カロリーの摂りすぎを防ぐには、まずは黄色グループの主食の量と調理法で調整するのが簡単ですが、赤色グループのメーンのおかずを、脂質の少ない材料と調理法にするだけでもかなりのカロリーダウンが期待できます。

ダイエットしたい人にとって大事なポイントとなるのは緑色のグループ。このグループの食材は、あとの話でもふれますが、基本的にビタミン・ミネラルが豊富でカロリーが低いものが多いので、このグループを積極的にたくさん摂って満腹感が得られるようにすると、満足感もありカロリーの摂り

すぎが防げます。

シンプルにこの三つを意識して揃えるだけなら簡単ですね。これに慣れてきたら、今度は、よりよいバランスが整う「食事バランスガイド」で意識できるよう、ステップアップしてみましょう。

左図の「食事バランスガイド」は主食、主菜、副菜の三つのグループに、牛乳・乳製品、果物の二つを加えた5グループの食品を組み合わせてバランスよく摂れるように、コマにたとえて示していますので1日の食事の目安にしてください。

「元気」と「美肌」に効く！ ビタミンB群を味方につけよう

「なんだか疲れやすいし、肌がカサつく……」

鏡を見ながら、こんなため息をついていませんか？ ダイエットをしながら、疲労を回復し、つやつや肌にする、そんな贅沢《ぜいたく》な近道はどこにあるのでしょうか。

それも、食事にあります。「なんだ、そんなことか」なんて言わないでください。食事は、毎日3回服用する「疲労回復薬」「美肌薬」になり得るのです！

そんな食事から摂れる疲労回復&美肌薬とも言える成分が、「ビタミンB群」です。

食事バランスガイド

運動はコマの回転

適度な運動でコマは回転します。人間にとって運動は欠かせません。

水分は軸

コマの軸のように、水やお茶といった水分は食事の中で欠かせない存在です。しっかり摂りましょう。

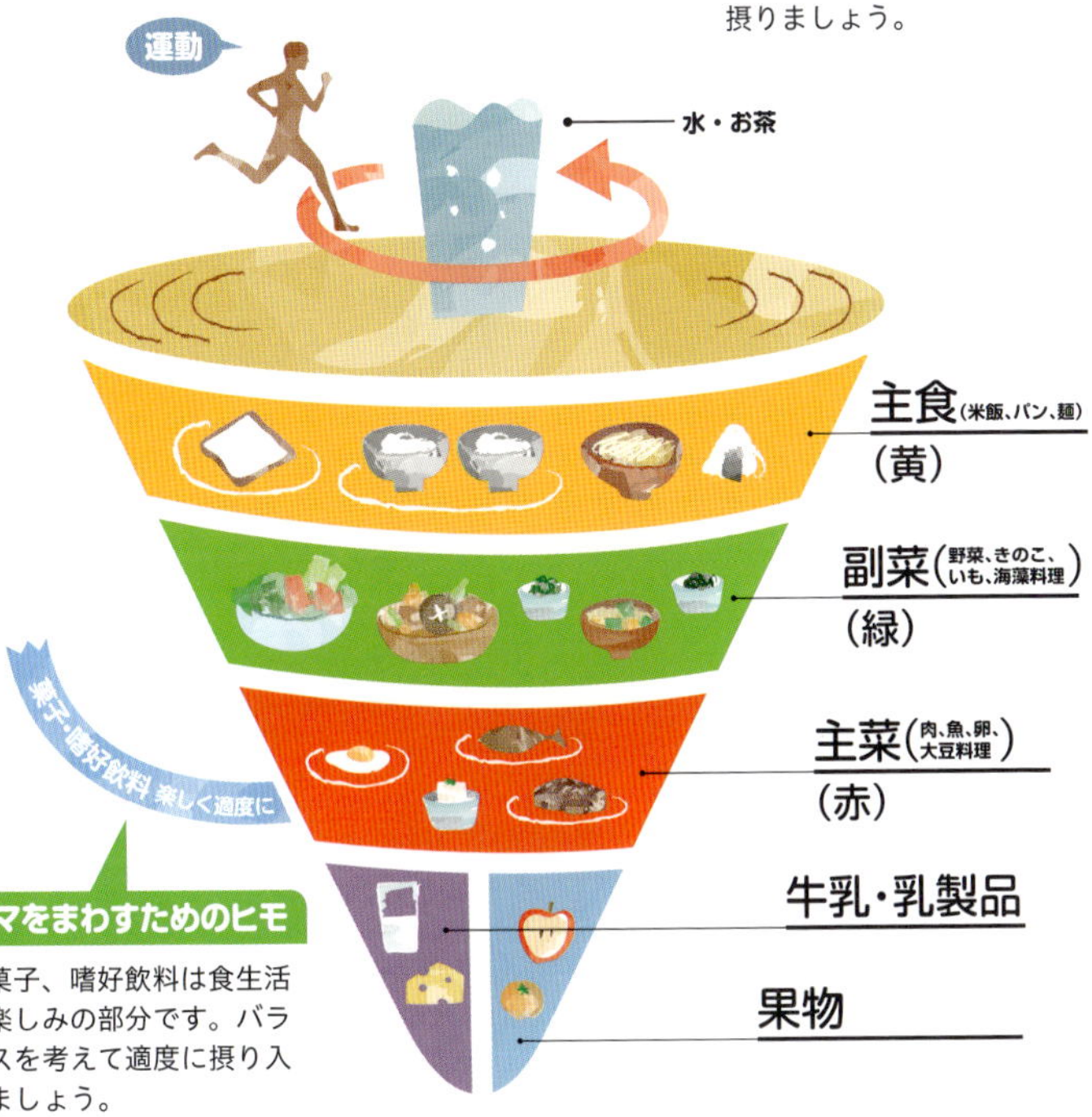

コマをまわすためのヒモ

お菓子、嗜好飲料は食生活の楽しみの部分です。バランスを考えて適度に摂り入れましょう。

ビタミンB群はエネルギー代謝に関与し、疲労回復、肌荒れ改善、血行促進などの作用があります。B群のなかでも、とくにB_1、B_2、ナイアシンなどは肉体疲労、肌荒れ、口内炎などの症状緩和を目的としたビタミン剤としてもおなじみですね。

　ビタミンB群は水溶性のビタミンで、余った分は尿とともに排出されてしまうため、からだのなかにためておくことができません。毎日コンスタントに食事から摂り入れるしかないのですが、不足すると、エネルギー代謝がスムーズに行われず、疲労感が蓄積。だるさが生じ、肌が乾燥に弱くなりニキビができやすくなるなど、肌荒れの原因となります。ひどいときには、口の中がただれたり、炎症が起こり、痛くてつらい口内炎になります。

【ビタミンB群が多く含まれる食品】

●肉・魚：豚肉、レバー、うなぎ、かつお

●豆・野菜：納豆、枝豆、モロヘイヤ、まいたけ

●穀類・その他：玄米、ごま、ピスタチオ

　ビタミンB群は、先に述べた3色のバランスをとって食事ができていれば、極端に

不足することはありませんが、疲れを感じたり、お肌の調子がいまひとつなときには、例に挙げた食品を意識して上手に摂るとよいでしょう。

野菜やきのこ、海藻類をたっぷり摂りましょう

1日350グラムの野菜を摂りましょう

昨日の食事を思い出してください。野菜をどれだけ摂りましたか？　どうか、まったく摂っていないとは言わないでください！

ダイエットに野菜は不可欠と言われます。それは、たくさん食べても低カロリーで、適度な食事量でも「食物繊維《しょくもつせんい》」が満腹中枢に刺激を与えて少量で満腹感が得られ、ほかにも多くのビタミン、ミネラルが含まれているからです。

この働きの一部を例に挙げて紹介すると、ビタミンのなかでも「ビタミンC」は、肌をきれいにしたり、風邪をひきにくくしたり、ストレスを軽減したり、抗酸化作用があったりと、大活躍！

ミネラルは、「カリウム」が血圧を下げ、「カルシウム」は骨を丈夫にします。

「食物繊維」は、噛みごたえがあるので、少量の食事でも満腹中枢が刺激されやすく、食べすぎを防ぐ効果があります。

さらに、糖の吸収をおだやかにし、余分な糖質や脂質の吸収を抑えて排出させる働きがあるので、ダイエットには強い味方!

便通を整え、肌荒れ改善効果も期待できます。

また、生活習慣病対策にも効果的です。

ざっと挙げるだけでも、血糖値の上昇を抑制、高血圧や高脂血症、大腸がんの予防、さらにはあごの強化にも効果があります。

ぜひ、積極的に摂りましょう。

食物繊維を多く含む食品は、雑穀類、野菜、豆類、海藻、きのこ、こんにゃくなど。低カロリーでビタミン・

1食分／約120g(例)

生のものなら両手いっぱい
加熱したものなら片手にのる量

ミネラル豊富な食材が多いですね。

1日の野菜摂取の目安は約350グラム。

1食あたりにすると、約120グラム（生野菜なら両手いっぱいにのるくらい、加熱野菜なら片手にのる程度）になります。

生野菜だけで見ると1食あたりかなりの量に見えますが、加熱したもので見ると、かさが減って食べやすくなっているのがわかります。野菜中心のお料理はできれば1回の食事に2皿が理想です。タニタ社員食堂でも野菜を使った副菜が2皿つき、1回の食事で200グラム前後の量が摂れるように工夫しています。

美しく若々しく元気でいたい！　野菜に含まれる「ファイトケミカル」

「カレーを食べていると老けないって」「トマトはアンチエイジングにいいって」——こんな話をよく聞きますが、その理由はご存じですか？　それは、カレーやトマトには、今、注目の「ファイトケミカル」がたくさん含まれているから。

ファイトケミカルはビタミン、ミネラル、食物繊維といった栄養素ではありませんが、強い「抗酸化作用」があります（栄養素であるビタミンC、ビタミンEなども同じ作用があります)。
「ファイト」はギリシャ語で「植物」、「ケミカル」は化学物質。植物が強い紫外線や虫の脅威から身を守るために作りだした物質で、赤や緑といった「色素」や「香り」の成分で強い抗酸化作用があります。人間を含めた生物は酸素のなかで生活していいます。人間のからだも常に酸化を繰り返していますが、過剰な酸化は老化につながります。ファイトケミカルがこうした過剰な酸化を防いでくれるのです。

ファイトケミカルは、野菜や果物などに多く含まれています。カレー粉のウコンに含まれる「クルクミン」や、トマトの「リコピン」が、からだの酸化を防ぎ、若々しさを保ってくれます。

ほかにも、こんなものにファイトケミカルは含まれています。

にんにく(アリシン)、ブルーベリー・カシス(アントシアニン)、そば(ルチン、ケルセチン)、お茶(カテキン、タンニン)、大豆(イソフラボン)、コーヒー豆(クロロゲン酸)、

しそ（ロズマリン酸）、ごま（ゴマリグナン）、ブロッコリー（スルフォラファン）、緑黄色野菜（β《ベータ》カロチン）、唐辛子（カプサイシン）、ほうれん草（ルティン）、海藻（フコイダン）、きのこ（βグルカン）、りんご（ペクチン）、かぼちゃ・にんじん（βカロチン）など。

どうしても食事が偏《かたよ》ってしまうときなら「サプリメント」の出番です

忙しくてバランスのとれた食事ができない方は多いでしょう。

「毎日、30品目は食べるとよい」と言われますが、どうしても外食が多くなってしまう方や、家に帰ると疲れが出て簡単な食事で済ませる方もいらっしゃるでしょう。

あらためて食生活を振り返ってみてください。

とくに意識して摂取しないと不足がちになるのが、「ビタミン」と「ミネラル」です。

このビタミンやミネラルが不足すると、食べたものが十分に代謝できず、栄養素本来の役割を果たさないばかりか、代謝されないエネルギーは脂肪として蓄えられやすくなります。

こうした食事がおろそかになりがちで、ビタミンやミネラルの不足が心配なときには「サプリメント」で補うのもよいでしょう。

ビタミンは、摂取した3大栄養素を体内で調整する役割を担っていますが、残念ながら体内で作り出すことができないため、摂取することで補わなくてはなりません。

サプリメントは食品ですから、医薬品のように食前、食後といった制約はありませんが、その種類や働きにより、それぞれ効果的な摂り方があります。

〈脂溶性ビタミン〉

脂《あぶら》に溶けるので効率よく吸収されるよう、食事と一緒か、食後に摂るのがおすすめ。「ビタミンA」「ビタミンD」「ビタミンE」「ビタミンK」などですが、摂りすぎると過剰症を引き起こすものもありますから、説明書や注意書きに記載された所要量を守って摂りましょう。

〈水溶性ビタミン〉

水に溶けやすく、尿と一緒に排出されるため、摂り過ぎの心配はありませんが、体内に蓄積されないので毎日一定量を摂る必要があります。これには、「ビタミンC」

「ビタミンB_1」、「ビタミンB_2」、「ビタミンB_6」「ビタミンB_{12}」、「ナイアシン」などがあります。

〈ミネラル〉

臓器を円滑に働かせるなど、からだの潤滑油的な役割を担っていますが、摂り過ぎると過剰症の原因となる場合があるため、所要量に注意しましょう。これには、「鉄」「銅」「カルシウム」「カリウム」「セレン」「亜鉛」「マグネシウム」などがあります。

その3

「運動」のこと

いつもより「1000歩多く」を意識して歩きましょう

「フィットネスクラブに通う時間がなくて……、かなりの運動不足。そんな私でも簡単にできて、効果的な運動ってありますか?」

その答えのひとつは「たくさん歩くこと」です。

今までとくに運動などしてこなかった方に、いきなりハードな運動をすすめても無理な話ですし、タニタの「ロハス」なダイエットでもそれはおすすめしていません。

ウオーキングは、いつでもどこでも誰でもできます。ちょっと歩いて新しい店を開拓、フロアの移動はできるだけ階段を使って、大きなショッピングセンターで買い物など日常生活のなかでちょっとした工夫をすれば、「ウオーキングの時間」をわざわざ捻出する必要もありません。

日常生活と密着しているウオーキング。だからでしょうか、あまりに簡単すぎて深く考えたことがないかもしれません。でも、ウオーキングには実は驚くほどの「効果」が期待できるのです。

歩くことは、人間にとって基本動作ですが、考えてみると私たちは毎日大変な動作を繰り返しているのです。では、歩くことで、いったいどれだけの筋肉が使われているのでしょうか。

脚の筋肉だけでも、大腿四頭筋《だいたいしとうきん》（大腿直筋・広筋《こうきん》）、大腿二頭筋、前頚骨筋《ぜんけいこっきん》、下腿《かたい》三頭筋（腓腹筋《ひふくきん》・ヒラメ筋など）……というように、一歩足を踏み出すたびに大きな筋肉をいくつもシンクロさせて使います。同時に腰の筋肉や腹筋を使い、腕の筋肉までも！

重力に耐えて左右の足で片方ずつ交互に体重を支え、さらに膝を使って脚を曲げたり伸ばしたりして重いからだを移動させ、自分の行きたい方向へと運んでいるのですから、一歩ずつが大仕事なのです。さらに重心を移動させなければならないのですから、バランスを取るために、全身の筋肉や神経を総動員します。

歩くことはとても高度な動作なのです！ ただ歩くだけでも全身の筋肉や神経を総動員するため、当然、エネルギーをたくさん使います。ウオーキングで使われるエネルギーの主燃料は、体内の「脂肪」。脂肪は酸素によって分解され、エネルギーに変わります。とくに早歩きで20分ほど歩いて息が弾《はず》むようになると効率UP。

歩くことは、ダイエットに有効な「有酸素運動」なのです。

ここでタニタが行った調査結果をご紹介します。2週間特別な食事制限を行わず、「できるだけよく歩く」ことだけを目標にした結果、「1日の平均歩数」の多い人ほ

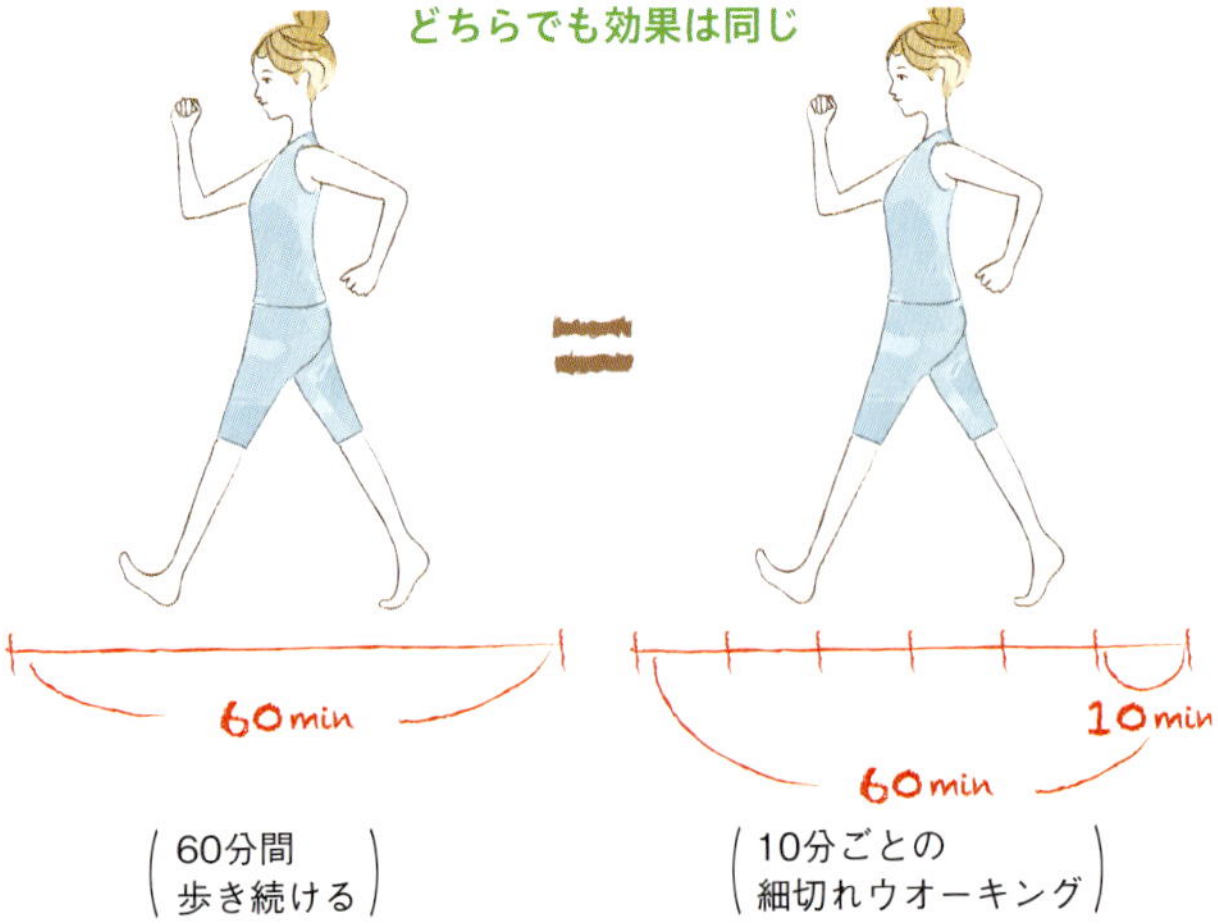

ど「脂肪」が減少するという傾向がみられました。

みなさんは平均どのくらい歩かれていますか？　一般に通勤時の歩数が往復で４０００歩から５０００歩と言われています。そして、平均的な歩数をみると、男性８２００歩、女性７３００歩。国で示されている目標値がプラス１０００歩。女性のみなさんは８３００歩を目標に！

ここでひとつ、ぜひお伝えしたいことがあります。60分間歩き続けるのも、10分ずつ細切れで６回歩くのも、どちらもその効果はほぼ同じです。体重48キログラムの人の場合、60分歩いて１５０キロカロリーで、10分を６回でも１５０キロカロリーの消費となります（缶ビール１缶、クロワッサン１個分くらい）。細切れに「少しずつ」でもよい、と思えば気が楽になりますよね。

歩くこと・有酸素運動は脂肪の消費に効果絶大なのです。

通勤では座らず立ったり、階段を使うなど意識して

通勤時間で脂肪を消費する四つのコツ

通勤時間でも脂肪を消費できます！　こう言うとみなさん決まって、でも、たいしたことないんじゃない？　と思われるようです。そんな方にこそ朗報です。通勤こそ、毎日できる「運動」なのです。

タニタでは、通勤に関わる各行動を30分間続けた場合の消費エネルギーを試算してみました。

通勤に関わる行動の消費エネルギー

※30代女性 体重50kgの場合　　単位：kcal

行動	30分間の消費エネルギー
基礎代謝（30分間）	23
ゆっくり座る	23
車の運転	34
乗り物の中で立つ	46
買い物（ゆっくり歩く）	50
野球（野手）	79
自転車（普通の早さ）	81
階段を降りる	90
早歩き（通勤）	102
野球（投手）	113
テニス	158
バレーボール	158
階段を昇る	169

ゆったり座っている状態は、横になっている状態とほとんど同じだけし

かエネルギーを使っていません。電車やバスで、席が空いたらつい座ってしまいがちですが、実は悲しいことに、これって家でゴロゴロ横になっているのと変わらないのです。自動車の運転もあんなに神経を使う割にはエネルギーとしてはそれほど使われていません。

でも、乗り物のなかで立っていると、それだけで座っている状態の約2倍ものエネルギー消費になります。乗り物のなかは揺れますから、バランスを取りながら姿勢を保つことになり、筋肉もけっこう使われているのです。さらに階段を降りたり早歩き

をすると自転車に乗るエネルギー消費よりも多くなり、階段を昇るとテニスやバレーボールをしたときよりもエネルギーを使います。

さらにイメージしていただきやすいように、エネルギー量をお菓子に換算してみました。左の表は、30代女性が「30分間ゆったり座る」消費エネルギー＝23キロカロリーが、ちょうど小さめのチョコチップクッキー1枚程度のエネルギーに相当することを示しています。通勤で使うエネルギーをこれに換算してみました。いかがでしょう？　いつも座っているところを立つだけでクッキーが2倍食べられて、いつもの歩調を早歩きにしたら4・5倍も食べられるんです！

次に通勤時間で脂肪を消費するコツをまとめてみましたので、無理せず、ちょっとだけ頑張ってみ

運動で使うエネルギー

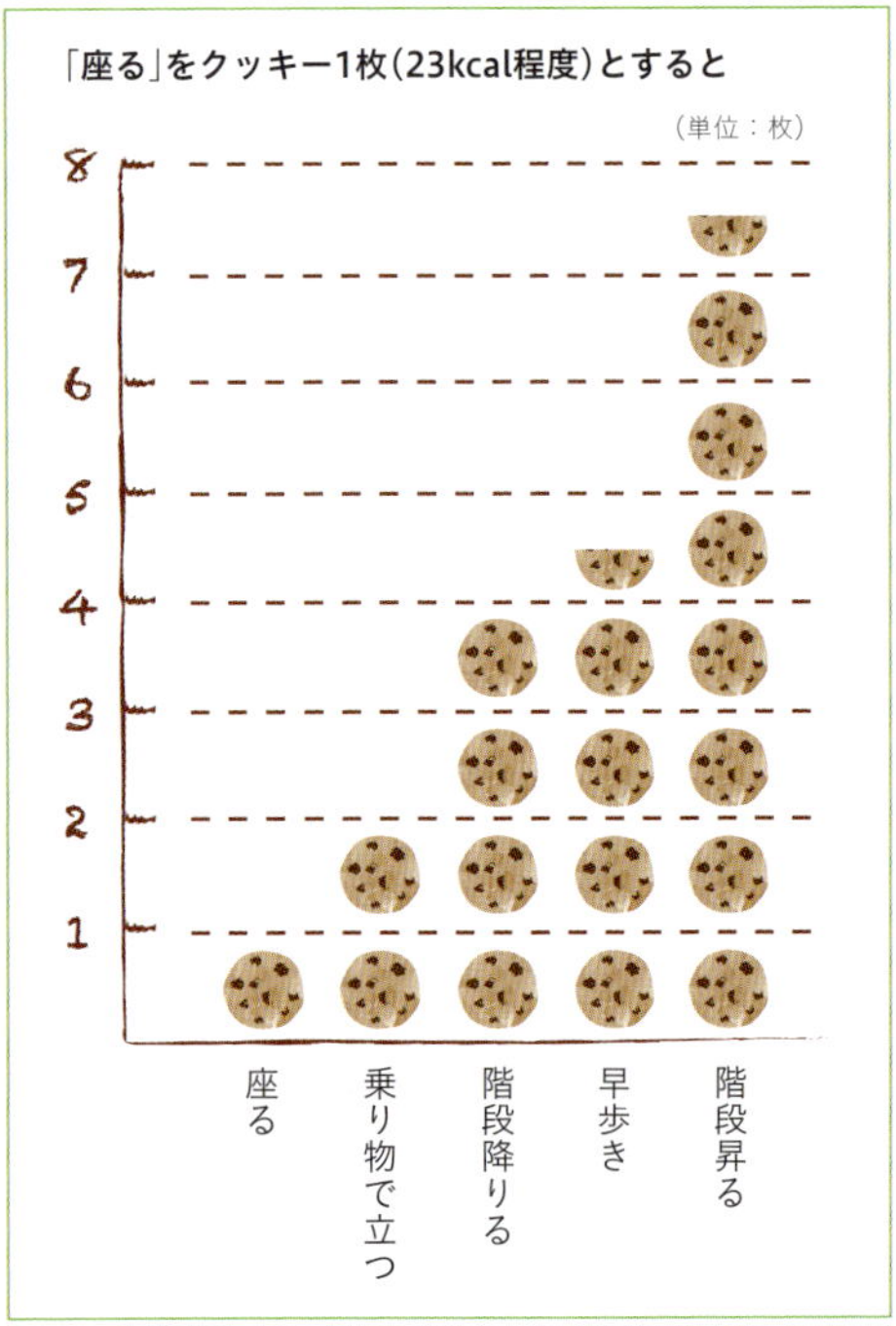

てください。もちろん、疲れているときはゆったり座ってくださいね。

1　車、バスのなかでは座らない＝よい姿勢でカッコよく立ちましょう

2　歩行はできるだけ早歩きで＝荷物が少なければ腕も振ってみて

3　エスカレーター、エレベーターを使わない＝疲れていなければ階段で！

4　帰りには、ひと駅分歩く、あるいは、時間があれば歩き回って楽しくショッピングすればストレス解消にも効果的！

10日間、1日30分、立つだけでショートケーキ4分の3個分を消費

「忙しくて運動する暇なんてない」という方には朗報が！　通勤以外でも消費カロリーを増やすことは、今すぐできます。

パソコンに向かい、何時間もゆったり座ったままの状態では、エネルギーの消費は増えません。

座ったままでもエネルギーを使いたいなら、「グッ！」とお腹に力を入れて背筋を伸ばしてみてください。自然と呼吸が深くなりませんか？　ただ座っているときと比

べて余分に酸素を必要としているわけで、背筋を伸ばした姿勢を続けるには、かなりのエネルギーを使うのです。

　では、実際にどのくらい違うのか。タニタで行った呼気分析実験の結果を見てみましょう。

「ゆったり座る」場合と「背筋を伸ばす」場合、さらに「立った」場合を比較し、呼気分析の結果からその差の平均を算出してみました。

「背筋を伸ばす」だけで、体重1キログラムに対して1分間で平均約0・5ミリリットル、酸素の消費が増えていました。座ったまま背筋を

姿勢による酸素摂取量の差

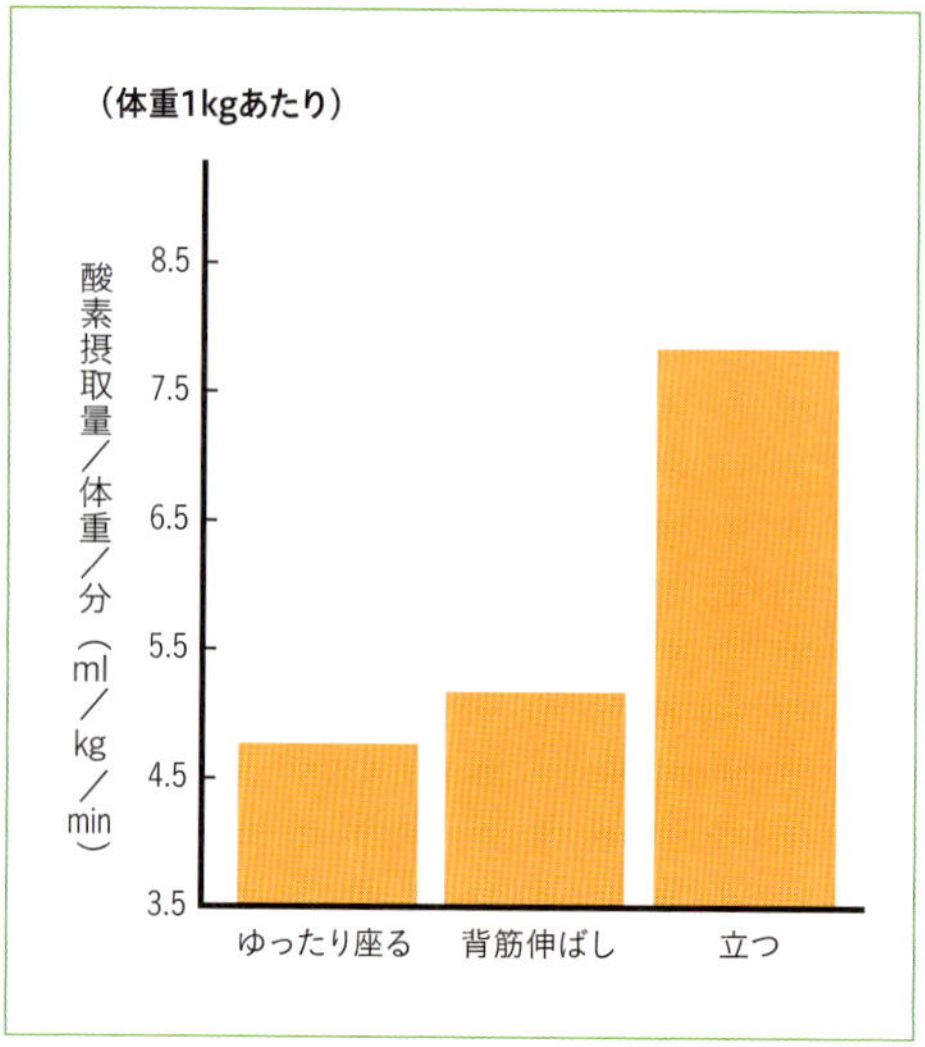

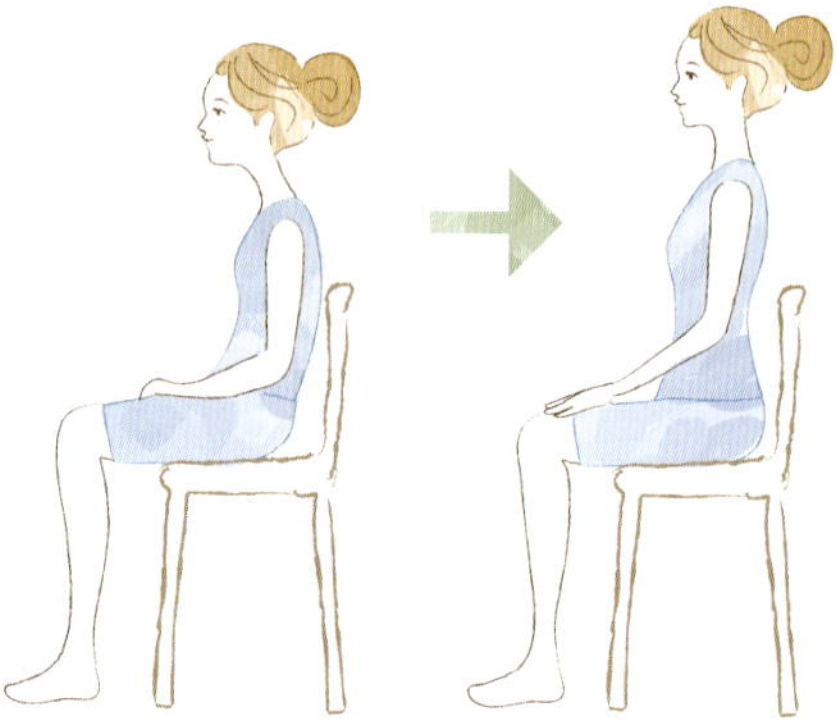

伸ばす状態から「立つ」と、平均約3・0ミリリットル、酸素の消費が増えていました。

この酸素摂取量の差がどれくらいなのかというと、たとえば体重50キログラムの人が40分、背筋を伸ばして座った場合、「ゆったり座る」より、消費エネルギーの差は4・8キロカロリーでした。

4・8キロカロリーというと「ちょっぴり」な感じですが、10日で48キロカロリー（コーヒーゼリークリームなし1個ほど）、1カ月で144キロカロリー（水ようかん1個ほど）になります。

「立った」場合では10日で298キロカロリー（いちごのショートケーキ4分の3個ほど）、1カ月で892キロカロリー（焼肉定食だっていけます！）。

1日たった40分姿勢を整えるだけでも数日続ければかなりの差がついてくることがわかりますね。

さらに、背筋を伸ばした状態でデスクワークを8時間行うと、ゆったり座っている状態より58キロカロリーもの差が！ 前述と同じ計算をあてはめると、10日で580キロ

カロリー（シーフードカレー１食分）、１カ月で１７４０キロカロリーになります。

日常生活の活動レベルをちょっとだけ上げるだけで、たとえば姿勢の違いだけでも、消費エネルギーは間違いなく変わりますし、続ければ大きな成果につながります。

姿勢のよい人にはスタイルのよい人が多い印象がありますが、こうした消費エネルギーの違いもその一因かもしれませんね。

筋肉をつけるとからだの輪郭線が変わります

「夏、ノースリーブを着るのが怖い！　たるんだ二の腕をなんとかしたい」「流行のショートパンツが似合う美脚に」など、ダイエット成功と同時に「部分やせ」を夢見る方は多くいるはず。この部分やせは可能なのでしょうか？

一般に言われている部分やせとは、気になるパーツの筋肉を鍛えることによって引き締められ、その結果としてシャープに「見える」ことです。そう、正しくは、部分やせではなく、「部分引き締め」なのです。

「ダイエットに励んで50キログラムに！　でも、同じ体重の友だちのA子と並ぶと、私のほうが太っていると見られます。こんなことって、ありでしょうか？」

実際、身長と体重がほぼ同じでも、やせて見えたり太って見えたりすることは残念ながらあります。

その原因のひとつは、「脂肪と筋肉の割合、そして脂肪の付き方」なのです。

「筋肉」がしっかり付いている人と「脂肪」が多い人では、見え方が違ってきます。周囲を見てください。筋肉量が多ければ引き締まったからだに見えますし、脂肪が多い人は、ぽっちゃりとして見えるはず。

ここで、ため息をついたりしないでください。大丈夫！　脂肪は同じ量でも筋肉より体積が大きいのでふくらんで見えてしまうのですが、「脂肪と筋肉の割合」は運動などで変えられます。脂肪を適度な量まで減らし、筋肉を付けていくと、からだの輪郭線が変わります。

脂肪によってぽっちゃりと見えていた体形が、ウオーキングやジョギング、あるいはダンベルを使ったエクササイズなど、自分の好きな運動を繰り返すことによって引き締まった体形へと変わっていくのです。

日常生活でのちょっとした工夫でも、効果が表れます。階段の昇り降りを毎日繰り返したり、背伸びを繰り返して洗濯物を干したり。

こうして、「太って見えた体形」が「スリムで引き締まった体形」になるのです。

運動の「前後」のちょっとした工夫でダイエット効果が高まります

運動だけでなく、運動の「前後」にもダイエットの効果を上げるためのポイントがあります。

まず、「運動前」。

実は脂肪は、空腹時のほうが消費効率が高まると言われています。とくに、ウオーキング、

ジョギング、自転車などの有酸素運動がおすすめです。

ただし注意したいことは、空腹時は血糖値が低下しているため、長時間の運動を行うと、めまいや注意力の低下が起こりやすくなるという問題もあります。強い空腹の場合は不整脈を誘発するとも言われていますので、軽い空腹感なら大丈夫ですが、もしも運動の前に空腹を強く感じたときは、消化・吸収のよいバナナやゼリー飲料などを少量摂るなどしてエネルギーを補給します。

そして、「運動後」。

運動をすることで筋肉に負担がかかります。そのあとに栄養と休養をきちんと与えることで、筋肉は運動する前よりも量が増えると言われています。筋肉量を増やすには運動するだけでなく、運動後に筋肉をいかに回復させるかが重要なのです。

また、運動したあとにはストレッチも大切です。疲労回復を促進することはもちろん、代謝を高める効果があるからです。

そして、多くのアスリートが、エネルギー消耗の激しい運動や強度の高い運動のあとに、次に挙げるような簡単なもので栄養補給をしていると言われています。

・おにぎり、お餅

・パン（脂質が少ないあんパン、ジャムパン、レーズンパンなど）
・飲み物（１００パーセント柑橘系ジュース、豆乳、乳飲料）
・果物（糖質が多いバナナ、ビタミンが多い柑橘類）
・そのほか（カステラ、チーズ、卵など）

このような食品であれば、持ち歩きにも便利ですね。

このとき、水分補給も忘れずに。そしてあとから、たんぱく質、ビタミン・ミネラルもしっかり摂ってください。

2章のまとめ

○30代からは基礎代謝が低下するため、基礎代謝を高める工夫をしましょう

○「排卵期前」が「ダイエット・チャンス期」です

○睡眠時間が短いと肥満につながりやすいと言われています

○「主食」「主菜」「副菜」の和食バランスを心がけましょう

○1日350グラムを目標に野菜を摂りましょう

○「たくさん歩くこと」をおすすめします

以上の知識を身につけることで、「無理せず、自然に、健康的に美しくやせられ、リバウンドしない持続可能な理想的なダイエット」が実現できます。

3 実践編

その1

おいしく食べて楽しくやせる

ここまでお話ししたとおり、太りにくいからだになる最大のポイントは、「摂取カロリー」より「消費カロリー」が上回ることにあります。そのためにも食生活は重要で、摂取カロリーに気を配ることが大切です。

だからといって、極端な食事制限や偏《かたよ》った食事は大間違いです。バランスのよい食事を1日3食、きちんと食べたほうが健康的で太りにくいからだに近づけるということが実証されているからです。

また、脂肪分を摂らなければ脂肪は蓄積しないと誤解している人もいますが、炭水化物やたんぱく質などの脂肪分でない栄養素も、消費されずに余れば脂肪に換えられて体内に蓄積されます。

ダイエットを成功させ健康を維持するには、自分自身のライフスタイルのなかで、「無理なく実行できる生活習慣の改善ポイント」を見つけて、「ストレスなく楽しく習慣化してしまう」ことが成功の秘訣です。

食事も同様です。難しく考えすぎたり、逆に極端な食事制限をしたりせず、とにかく長続きする食習慣にして楽しく続けることが大切です。

この章ではロハスなダイエットに必要な食事のポイントをご紹介しますので、改善のヒントにしていただければ幸いです。

調理の工夫や計量により余分な油脂を抑えましょう

タニタでは、社員食堂を利用して6カ月で12キログラムやせた社員がいます。もちろん食事だけではなく運動も頑張った結果ですが、「無理せず自然にやせた」と言います。

では、どこにその秘密があるのでしょうか。

タニタ社員食堂のメニューは、米飯、汁物、主菜、副菜2品の定食形式が基本です。どれも野菜たっぷりで、塩分控えめ。おいしさと満足感がありながら、1定食あたり５００キロカロリー前後とヘルシーなメニューが特徴です。

「自然にやせた」というのは、この５００キロカロリーが大きなポイントになっています。

たとえば、外食や日常摂っている食事が1食で８００〜９００キロカロリーくらいだとすると、1食で３００〜４００キロカロリー以上の差が出ることに！

ちなみに、脂肪1キログラムを減らすためには７２００キロカロリーが必要です。1日に２４０キロカロリーの摂取を減らすことができれば、1カ月で1キログラムの脂肪量が減るという計算になります。

つまり、この「５００キロカロリー」の食事を1日1回、毎日続ければ、簡単に実現できるというわけです。さらに、運動や筋力トレーニングをすればもっと消費エネルギーが増え、効率的にダイエットをすることができます。

余分な油脂を抑える工夫

タニタ社員食堂では、1定食あたり500キロカロリー前後を実現するために、「油脂」の摂りすぎに気を付けています。エネルギーの元となる油脂は大切な栄養素の一つですが、少量でも高エネルギー（1グラム＝9キロカロリー）のため、摂りすぎは禁物。調理油や肉の皮や脂身などの「見えるあぶら」と、肉や魚など食材に含まれている「見えないあぶら」をできるだけ取り除くようにしています。

油脂はほんのちょっとでも高カロリーですから、たとえば、調理の際に調理油を計量スプーンではかったり、鶏肉の皮を取り除くなどのちょっとしたひと手間でかなりのカロリーダウンが可能です。また、グリルやオーブン焼きにして食材に含まれる余分な脂を落とすことも簡単で効果的です。

このほか、たんぱく質を多く含む肉や魚は筋肉にとって大事な栄養素となりますが、実は脂肪もたくさん含まれている場合が多く、意外に高カロリーなので、普通の活動量の人なら1食あたり100グラム程度に抑えるとよいでしょう。また、和え物や炒め物に加えるハムなどは塩分も気になるので最低限の量に抑えることをおすすめします。

カロリーを抑える調理の工夫

調理するときには、分量はいつも適当に……というお話を聞くと、もったいない気がします。ダイエットの重要なポイントがここにも隠されているからです。

ちょっと面倒かな、と思っても、クッキングスケールや計量スプーンなどで食材も調味料もできるだけはかってみましょう。たとえば調理で使う油などは、ほんのちょっとした加減でカロリーが大きく左右されます。

きちんと計量することで塩分やカロリーの摂りすぎを防ぐことができるので、みなさんの想像以上にカロリーダウンの効果を上げることができます。

はかってみるとそれほど面倒ではありませんし、素敵なデザインの可愛いクッキングスケールを使えば、はかることが楽しくなります。また、これに慣れると素材の見た目の大きさと重さの関係がわかるようになりますから、外食でも食材の量を把握でき、摂取カロリーをコントロールしやすくなります。

ちなみに、タニタ社員食堂では一人ひとりが自分が食べる米飯の量まではかっていて、茶碗に軽めに100グラム（約160キロカロリー、精白米）が基本の分量になっています。

米飯をはかることで盛りつけすぎによる食べすぎを防ぐことができるのです。

●こんな調理の工夫ができます

テフロン加工のフライパンやオーブンを使用し油を使わずに焼く

野菜は大きく切って、調理油の吸収を抑える

グリル、オーブンなどで焼き、余分な脂を落とす

フライなどは大きな材料のままで揚げてからカットする

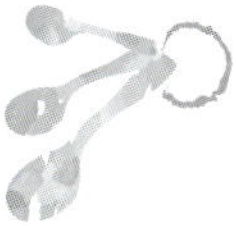

計量スプーンできちんとはかり、油の使いすぎに気をつける

揚げずにオーブンで焼いてもＯＫ

肉や魚などを焼く場合、クッキングシートを活用して余分な脂を吸収させる

食事は量より栄養バランスを重視して

栄養不足や偏《かたよ》りはダイエットには逆効果！

「一刻も早くやせたいのですが、食事の量を減らせばその分だけ早くやせられますか？」

という相談をよくいただきます。しかし、やみくもに食事の量を減らすことはおすすめしません。なぜならバランスを無視した極端な食事制限はダイエットには逆効果だからです。

たしかに食事全体の量が少ないと、摂取カロリーが減って一時的には体重が減るかもしれません。しかし、食事を抜くという極端なダイエットや、○○しか食べないという偏った食事は、活発にエネルギーを消費する筋肉量を減らし、基礎代謝を促すビタミン、ミネラルを不足させます。そしてさらに急激な栄養不足にからだが対応するので基礎代謝は低下傾向になり、どんどん脂肪が減りにくいからだへと変化してしまうのです。

これでは一時的に体重が減ったとしても、食事を元に戻すとすぐにリバウンドを招き逆効果です。そのうえ、栄養素の摂取不足は集中力低下や情緒不安定、肌荒れや便秘、ホルモン分泌の乱れなど、さまざまな体調不良を引き起こしますので、「美しさ」や「健康」からもどんどん遠ざかって何のために食事を我慢したのかわからない状態になってしまいかねません。

代謝を活性化させ、体調を整える栄養素をきちんと含むバランスのよい食事をしっかり摂ることが、健康的なダイエットへの近道なのです。

「塩分控えめ」をおいしく楽しみましょう

塩分の摂取量が多いと、高血圧などの生活習慣病を引き起こす原因になります。さらに、からだはその塩分に比例した水分を蓄積しようとします。それが「むくみ」を引き起こしたり、血管に負担をかけることにもつながります。

そして、味の濃いしょっぱい味付けのおかずは、主食をたくさん摂りすぎる原因になります。実は薄味の料理のほうが食欲コントロールにも有効なのです。

タニタ社員食堂でも酸味、辛味、うま味、甘味などを上手に取り入れて塩分を抑える工夫をしています。その一例をご紹介しましょう。

- **酸味**＝穀物酢、ワインビネガー、バルサミコ酢、レモン汁などを使う
- **辛味**＝唐辛子、タバスコ、カレー粉、マスタード、わさび、スパイスなどを使う
- **うま味**＝昆布とかつお節でだしをとる
- **甘味**＝みりん、ハチミツなどを使う
- **香り**＝香味野菜（しそ、みょうが、しょうが、ねぎ）、炒りゴマ、ハーブなどを使う
- **コク**＝クリーミー系のドレッシング、種実類を使う
- **果物**＝塩分がほぼ0グラムで1品になる

いつも塩や醤油中心で味付けしていた料理に、だしや酢、香味野菜、スパイスなどを加えて塩を少し減らしてみてください。炒ったゴマや砕いたナッツなどもほんの少し加えるだけで、ぐっと香ばしくなって新たなおいしさが発見できますよ！

最近はさまざまなスパイスやハーブが小さな容器で売られていて、どこでも簡単に

手に入りますし、気軽に試すことができますよね。

こうしたうま味や香味で味にアクセントを加えるテクニックは、塩分だけでなく油の使用を控えて料理をおいしく仕上げるコツにもつながります。

「よく噛む」ことで少しの量でも満腹に

実は「よく噛む」ことだけでも、意外に大きなダイエット効果を上げることができます。

よく噛まずに食べると「満腹中枢《ちゅうすう》」が刺激されないため、つい食べすぎてしまうからです。

「満腹中枢」は脳の「視床下部《ししょうかぶ》」という部位にあり、「もう満足、これ以上食べなくていいよ」という指令を出すのですが、それを出すのに食べ始めてから15〜20分もかかると言われ、そのタイムラグで食べすぎてしまうのです。統計的なデータを見ても早食いの人は肥満になる傾向があることがわかっています。

一方で、よく噛んでいれば消化がよく、素材のよさをゆっくり味わえるのに加え、満腹中枢が刺激されます。このため、少しの量でも満腹感が出るので食べすぎを防ぐというわけです。

日本肥満学会の発表などでも、噛む回数を「一口30回以上」としただけで顕著な減量効果が見られた、という報告がいくつか出ています。

実は自分では気づいていないけれど、あまりよく噛まずに食べている人は意外に多いのです。これを意識して回数を決めて噛むようにするだけでもダイエットにはよい効果を生みます。

そこで、タニタ社員食堂では、「噛みごたえのあるメニュー」を考え、三つの小さな工夫を取り入れています。

噛みごたえのある「食材」を選びます

食材には「野菜」「きのこ」「海藻」といった食物繊維の多いものを選びます。

食物繊維自体はカロリーがほぼゼロで噛みごたえがあるので、多く使えば料理全体のカロリーを低く抑えられます。

「切り方」を工夫します

タニタ社員食堂では、食材を細かく切るのではなく、料理にもよりますが、煮物や温野菜のサラダなどでは、ごろっとした「乱切り」をよく取り入れています。当然、噛む回数が増えます。

「薄く、小さく」ではなく、「厚く、大きく」切ることを心がけています。

「余分な加熱調理」をせず、噛みごたえを残します

調理の際、やわらかくなるまで加熱するのではなく、あえて噛みごたえが残る程度で加熱を止めます。「ゆですぎず」「煮すぎず」「炒めすぎず」に食材のシャキシャキ感を残すよう、調理します。

食事は野菜・きのこ・海藻類から食べましょう

実は「食べる順番」を変えるだけでも、ダイエットには意外な効果があります。それは、食べる順番によってからだのなかの血糖値の変化が異なるからです。この「血糖値の変化」は、実はダイエットと無関係ではありません。血糖値をコントロールする食事の摂り方を意識することが健康的なダイエットにつながっていくからです。

では簡単に紹介しましょう。

食べたものがからだに吸収されると血糖値が上がります。そうすると上がった血糖値を下げるために、すい臓からインスリンというホルモンが分泌されます。このインスリンが分泌されると、血糖値を下げる過程で血中の糖分を脂肪に変えてからだにため込むように働きます。

血糖値の上昇が緩やかであれば、通常、インスリンは過剰に分泌されることはありません。しかし、空腹状態からいきなりお菓子や米飯、パンなど糖質主体の食べ物をたくさん摂ってしまうと、血糖値は一気に上昇し、インスリンが必要以上に分泌されてしまいます。これにより、糖分を脂肪として蓄積することに拍車をかけてしまうのです。それだけではなく、急上昇した血糖値を今度は急降下させる「血糖値のジェットコースター的急変化」を招くこととなり、食欲を増長させるとも言われています。

空腹時、米飯などの糖質主体の食べ物を一気にたくさん摂りたくなる気持ちはわかりますが、脂肪蓄積が促進されて食欲も増長されるなんてダイエットにはとても悪影響ですよね。では、これを避けるためにはどうしたらいいでしょう?

それには、まず「野菜・きのこ・海藻」などの食物繊維を多く含むものから食べることをおすすめします。これは、食物繊維が消化吸収を緩《ゆる》やかにしてくれて血糖値の急上昇を抑えてくれるからです。また、「食事の最初に食べる」ことによって食欲コントロール効果が向上するのです。

それは、野菜・きのこ・海藻類は噛みごたえがあるので、食事中の早い時間から「満腹感」を感じやすくなるからです。そして食物繊維は水分とともに膨《ふく》らんでお腹にたまり、消化に時間がかかるため、満腹感を長時間持続させることができます。しかも、あとから脂質や糖質を摂っても、その吸収を抑えて血糖値の上昇も緩やかになることから、余分なエネルギーを脂肪に変換してからだに取り込む働きをするインスリン分泌が抑えられます。この結果、エネルギーが脂肪として蓄えられにくくなります。

最初に食物繊維を多く含むものを食べておけば、あとの順番にはそれほど大きな影

響はありませんが、エネルギーの摂りすぎをできるだけ抑えるコツは、

1　まずは、「野菜・きのこ・海藻類」から食べましょう

2　次に、温かい汁物や飲み物をゆっくり飲みましょう

3　主菜と米飯ものはできるだけ最後のほうに

という順番で食べると、カロリーの高い主菜や米飯ものを食べるときにはある程度お腹が膨《ふく》らんでいて、摂りすぎを防ぐ効果がさらに上がることでしょう。

大皿ではなく「少しずつ取り分けて食べる」を習慣にしましょう

大皿から直接ではなく、自分の食べる量だけを皿に取り分けてから食べる習慣をつくりましょう。

大皿から直接食べると、その量が把握できず、食べすぎの原因になります。また、こまめに取り分けることで、食べる間隔を空けながらゆっくり食事をすることになり、

満腹サインを感じやすくなって食べすぎを防ぐことができます（中華料理など大勢で食事するとき、少しずつ取り分けて食べていると、意外に少しの量でお腹いっぱいになって、最後の料理が出る頃には「もう食べられない」などといったこと、経験はありませんか？）。

一人で食事するときにも、大きなお皿やどんぶりにドカンとまとめて盛ることは避け、できるだけ上品に小皿や小鉢に取りつつ食べましょう。

タニタ社員食堂の一汁三菜と米飯の5品からなる定食スタイルは先ほどお話しした通りですが、この見た目の品数の多さも、満足感や満腹感につながるコツのひとつです。

欠食は避け、3食きちんと食べましょう

欠食をすると食事間隔が空きすぎて、つい「まとめ食べ」をしてしまいやすくなり

ます。とくに夕食の「まとめ食べ」による過剰摂取は睡眠中に脂肪として蓄えられやすいので要注意。

そして、実は食事のたび、消化・吸収のためにエネルギーが消費されるので、欠食してまとめ食べをすると、食事が抜けた分の食後のエネルギー消費を損《そこな》ってしまうことになるのです。

食事は少量でもできるだけ3食きちんと摂り、摂取→消化・吸収→消費のリズムを規則正しく保ちましょう。

夕食は就寝2〜3時間前までに軽めに済ませましょう

朝食や昼食は食後にエネルギー源としてどんどん使われるため、ダイエット中でもそれほど神経質に考えなくても大丈夫です。とくに朝食は体温を上げて1日の代謝を高めるスイッチを入れる役割もあり、1日の代謝リズムに影響しますので、忙しくてもしっかり摂ることをおすすめします。

一方、夕食は、忙しい方やお付き合いの食事が多い方には難しいかもしれませんが、できるだけ早い時間帯に軽めに摂ることがベストです。最近の研究で、「夜遅く食べると太る」ことが実証されてきています。

とくに、夜の10時から午前4時は体内が「脂肪蓄積タイム」になるとされているため、この時間帯にしっかり高カロリーな食事を摂ることはなるべく避けたいですね。しかも、睡眠の直前に食事を摂ってしまうと、食べたエネルギーがほとんど消費されないまま睡眠に入ることになるので、余ったエネルギーが脂肪として蓄積されるだけでなく、本来、睡眠によってからだが休息するべき時間に消化・吸収活動が行われ、睡眠の質も悪くなると言われています。

睡眠不足や睡眠の質の低下は食欲増進ホルモンの分泌を促進させることもわかってきているので、翌日の食欲コントロールにも悪影響を及ぼします。

仕事などで忙しい方も、自分で夕食時間をコントロールできる日には、夕食はできるだけ寝る2～3時間前までに済ませましょう。夕食の時間を意識して早めるだけでも顕著な減量効果があることが報告されています。

しかし、どうしても夕食が遅い時間になってしまう場合、遅い時間のまとめ食べを避けるため、夕方早めの時間に補食を摂るのもよいでしょう。おすすめは、カルシウム補給も一緒にできるヨーグルトや、ビタミン・ミネラル補給も可能な果物、小さめのおにぎりやカップスープなど。そして夕食は補食分を調整して、たとえば、おかゆや雑炊、具だくさんのスープなど、軽めの消化のよいもので済ませることをおすすめします。

寝る前や夜中に何か食べたくなったら気を紛らわせることのできる低カロリー食品を用意しておくのも一つの手です(お菓子や高カロリー食に手が伸びる前に、低糖・低脂肪ヨーグルト、インスタントのスープ、お豆腐、豆乳など、手早く簡単に用意できて消化のよいものがいいですね)。

お菓子は低カロリーのものを選び、午後3時までに摂りましょう

「ダイエットをしていますが、間食がやめられません。ダイエット中は絶対我慢するべきですか?」……みなさん悩みは同じです。

結論から言うと、ダイエットに我慢のしすぎは禁物! 長く継続して健康的なダイエットを成功させるためには楽しい気分転換もある程度必要です。食べるタイミングや量、内容を工夫して、間食と上手につきあっていきましょう。

ダイエット中……といっても、絶対に間食は禁止！　と決めてストレスがたまるほど自分を追い込んでしまうのは、かえってからだによくありませんし、何かのきっかけでつい食べてしまったときに、これまでの努力がすべて無になってしまうかのような極端な思考に陥る危険性があります。

食べすぎてしまうのはダメですが、「いつ、何を、どれだけ食べるか」を考えて上手に間食とつきあうことができれば、間食は必ずしも「ダイエットの敵」ではないのです。

間食を摂るタイミング

上手に間食とつきあうポイントのひとつが「いつ食べるか」という、時間を考慮することです。夕食の摂り方についての章でも少し触れましたが、私たちは、昼夜の生活リズム・体内時計を調整する体内物質を持っていて、この働きで、脂肪の蓄積にも日内リズムがあることがわかってきました。

一般的な生活時間の人では、夜10時以降から真夜中にかけての時間帯が脂肪の蓄積促進がピークとなり、朝から低下して午後3時くらいに最低になるそうです。「3時のおやつ」は、昼食と夕食の間の長い空腹時間を補う補食という意味で時間的にちょうどいいと言われていますが、脂肪が蓄積しにくいことから考えても理にかなっているわけですね。

逆に言うと夜中に食べると脂肪の蓄積が促進されるということで、やはり、夜中のまとめ食べ・間食は太りやすいというわけです。

一日の活動時間から考えても「間食」「おやつ」は、午後3時くらいまでに摂るようにしたいですね。

そして、間食をしたら「食べてしまった」と落ち込むのではなく、「食べちゃった分、たくさん消費するぞ！」と、いつもより遠回りしてたくさん歩くとか、帰宅後にちょっとした運動をプラスするなど意識して活動量を増やしたり、いつもより夕食を控えめにするなどして調整しましょう。その日のうちに調整するのが難しければ翌日の活動量や食事で調整してもいいのです。

そうやって「たまに間食をしてもちょっと頑張れば取り戻せる」と考えることができれば、過度に自分を追い込むことなくダイエットを継続させることにもつながります。

ダイエットに適した間食と食べ方のヒント

「間食」「おやつ」として食べたいもの……いわゆるスイーツやお菓子は、ほとんどの場合小さくて軽くても、びっくりするほど高カロリーです。できればダイエット中は避けたほうがいいものがほとんどなのですが、ダイエット中だから全面禁止！ではなく、食べたいときにはそのなかでもできるだけ低カロリーなものを選び、食べ方の工夫で満足感が得られるようにするなど作戦をたてましょう！

122ページからの表（お菓子のカロリー一覧）に「甘いお菓子」「スナック菓子」「お菓子の代用にできそうなもの」のカロリーを記載しました。また、20代女性の場合、どれくらいの歩行時間で消費できるか換算した数値も一緒に記載しましたので、参考にしてください。

※122ページから125ページの表に記載されたエネルギー（カロリー）は、すべて食品栄養成分に基づいた一般的な目安です。材料、作り方、メーカーなどさまざまな状況によって異なりますので、参考値としてご覧ください。

※早歩きで消費する時間は、20代女性の平均的な体格に基づいた基礎代謝基準値とＭＥＴｓ（身体活動の強度を表す単位：エネルギー消費量が安静時の何倍にあたるかを示す）から計算し記載しました。体格、年齢、性別などによって異なりますので、参考値としてご覧ください。

甘いお菓子のカロリー表

〈「ちょっとひとくち」の1回量のカロリー〉

甘いお菓子	「ひとくち」のめやす量	エネルギーのめやす	早歩きしたら何分で消費?
チューインガム	1枚（約2g）	6kcal	2分
プレッツェル（チョコレート味）	1本（約2g）	10kcal	3分
マシュマロ	1個（約4g）	12kcal	4分
アメ（キャンディー）	1個（約5g）	20kcal	6分
キャラメル	1粒（約5g）	21kcal	6分
アーモンドチョコ	1粒（約5g）	28kcal	9分
バタークッキー	中サイズ1枚（約8g）	39kcal	12分
チョコチップクッキー	中サイズ1枚（約8g）	40kcal	12分
クランキーチョコ	板チョコ1列分（約10g）	52kcal	16分
ラングドシャ（チョコサンド）	中サイズ1枚（約10g）	54kcal	16分
ミルクチョコレート	板チョコ1列分（約10g）	55kcal	17分

〈しっかり全部食べた場合の1個あたりのカロリー〉

甘いお菓子	めやす量	エネルギーのめやす	早歩きしたら何分で消費?
シャーベット	小ディッシャー1杯（約50ml）	32kcal	10分
アイスクリーム（バニラ）	小ディッシャー1杯（約50ml）	36kcal	11分
コーヒーゼリー（クリーム入り）	1個（約105g）	71kcal	22分
蒸しまんじゅう	1個（約35g）	91kcal	28分
フルーツゼリー	1個（約130g）	108kcal	33分
串だんご（しょうゆ）	1本（約60g）	118kcal	36分
水ようかん	1個（約50g）	142kcal	43分
もなか	1個（約60g）	171kcal	52分
プリン	1個（約120g）	174kcal	53分
シュークリーム	1個（約70g）	175kcal	53分
シフォンケーキ	1切れ（約100g）	210kcal	64分
あんみつ	1杯（約310g）	235kcal	72分
どら焼き	1個（約90g）	256kcal	78分
チョコレートケーキ	1個（約115g）	359kcal	110分
ショートケーキ	1個（約110g）	374kcal	114分
ミルフィーユ	1個（約90g）	434kcal	132分

〈お菓子の代わりに：「ちょっとひとくち」の甘いもの〉

甘いお菓子の代わりに	「ひとくち」のめやす量	エネルギーのめやす	早歩きしたら何分で消費?
甘栗	1個（約20g）	9kcal	3分
パイナップル	1切れ（約20g）	10kcal	3分
なし	1/8個（約31g）	13kcal	4分
りんご	1/8個（約31g）	15kcal	5分
ドライプルーン	1粒（約8g）	19kcal	6分
黒豆の煮豆	5粒（約10g）	21kcal	6分
ドライマンゴー（砂糖漬け）	1切れ（約8g）	31kcal	9分
レーズン	大さじ1杯（約10g）	31kcal	9分

〈お菓子の代わりに：しっかり全部食べたいとき〉

甘いお菓子の代わりに	めやす量	エネルギーのめやす	早歩きしたら何分で消費?
みかん	小1個（約20g）	20kcal	6分
フローズンヨーグルト	小ディッシャー1杯（約50ml）	30kcal	9分
ぶどう（デラウエア）	1房（114g）	48kcal	15分
桃	1個（200g）	64kcal	20分
ヨーグルト（加糖）	1杯（約100g）	72kcal	22分
フルーツミックスヨーグルト	1杯（約100g）	77kcal	23分
バナナ	1本（約150g）	86kcal	26分
ストロベリーヨーグルト	1杯（約100g）	86kcal	26分
なし	1個（約250g）	104kcal	32分
りんご	1個（約250g）	120kcal	40分
焼きいも	半分（127g）	160kcal	49分

〈「ちょっとひとくち」の1回量のカロリー〉

スナック菓子	「ひとくち」のめやす量	エネルギーのめやす	早歩きしたら何分で消費?
プレッツェル（サラダ味）	1本（1.3g程度）	6kcal	2分
うす焼きせんべい（塩味）	1枚（3g程度）	10kcal	3分
海苔巻きあられ	1つ（3g程度）	12kcal	4分
クラッカー（塩味）	1枚（3g程度）	15kcal	5分
しょうゆせんべい	中1枚（15g程度）	55kcal	17分
ごませんべい	中1枚（15g程度）	60kcal	18分
ポップコーン	1/4袋（13g程度）	63kcal	19分
揚げせんべい	中1枚（14g程度）	74kcal	23分
コーン系パフスナック	1/4袋（16g程度）	83kcal	25分
ポテトチップス（成型）※1	10枚（17g程度）	89kcal	27分
コーン系タコスチップス	1/4袋（25g程度）	126kcal	38分
ポテトチップス（成型でないもの）※2	1/4袋（25g程度）	140kcal	43分

※1　じゃがいもの粉末を加工・成型している、整った形のポテトチップス

※2　じゃがいもをそのまままスライスして揚げているもの

〈しっかり全部食べた場合の1回あたりカロリー〉

スナック菓子	めやす量	エネルギーのめやす	早歩きしたら何分で消費?
ピーナッツ入り柿の種	小袋1袋（40g程度）	200kcal	61分
ポップコーン	1袋（52g程度）	252kcal	77分
コーン系パフスナック	1袋（64g程度）	332kcal	101分
プレッツェル（サラダ味）	1箱（73g程度）	356kcal	109分
コーン系タコスチップス	1袋（100g程度）	504kcal	154分
ポテトチップス（成型）	1本（115g程度）	528kcal	161分
ポテトチップス（成型でないもの）	1袋（100g程度）	560kcal	171分
ピーナッツ揚げおかき	1袋（135g程壌）	795kcal	243分

※油で揚げているスナック菓子は、軽くても1袋全部食べてしまうと、びっくりするほど高カロリー。要注意!

〈スナック菓子の代わりに：「ちょっとひとくち」つまめそうなもの〉

スナック菓子の代わりに	「ひとくち」のめやす量	エネルギーのめやす	早歩きしたら何分で消費?
枝豆	1つ（さやごと4g程度）	3kcal	1分
ピーナッツ	1粒（1g程度）	6kcal	2分
アーモンド	1粒（1.2g程度）	7kcal	2分
カシューナッツ	1粒（1.4g程度）	8kcal	2分
チーズ入りタラ	1本（3g程度）	11kcal	3分
さきイカ	ひとつまみ（5g程度）	11kcal	3分
イカの薫製	ひとつまみ（5g程度）	12kcal	4分
かまぼこ	1切れ（13g程度）	12kcal	4分
くるみ	1かけ（2.0g程度）	12kcal	4分
スティックチーズ	1本（12g程度）	38kcal	12分
カマンベールチーズ	1/8切れ（12g程度）	39kcal	12分
スライスチーズ（低脂肪）	1枚（19g程度）	50kcal	15分

〈スナック菓子の代わりに：しっかり食べたいとき〉

スナック菓子代わりに	めやす量	エネルギーのめやす	早歩きしたら何分で消費?
玉こんにゃく（醤油煮）	1皿（150g程度）	29kcal	9分
枝豆	小鉢1皿（50g程度）	34kcal	10分
ちくわ	1本（32g程度）	40kcal	12分
ソーセージ（あらびき）	1本（20g程度）	61kcal	19分
笹かまぼこ	1つ（60g程度）	62kcal	19分
野菜スープ（コンソメ・ベーコン味）	1皿（130g程度）	90kcal	27分
はんぺん	1枚（100g程度）	94kcal	29分
魚肉ソーセージ	1本（95g程度）	150kcal	46分

※スナック菓子の代わりになりそうな食べ物は、塩分過剰になりがちなので、塩分に注意してバランスを取りましょう。

また、間食するときの食べ方としては、次のような工夫があります。

・ノンカロリーのおいしいハーブティーや質のよいコーヒー、お茶をたっぷりいれて、飲み物も楽しみながらゆっくり食べる。
・きれいな食器や盛りつけで気分を高める。
・ゼリーや寒天など低カロリーのものに、少しだけクリームやフルーツソース、アイスなどを加えて満足感ＵＰ。

外食では野菜の多いメニューを選びましょう

外食メニューは、「主食＋主菜」のみの組み合わせが多く、副菜が不足しやすいため、栄養が偏りがちです。不足しやすい野菜や乳製品などを加えて、バランスのよい食事になるように工夫してみましょう。

たとえば、ファストフードの場合は、セットで付いてくるポテトやジュースの代わりに、サラダやスープ、野菜ジュース、ミルクなどにするようにしましょう。
うどん・そば・ラーメンなどの場合は、野菜やたんぱく質が不足しがちです。わかめそばや、鍋焼きうどん、五目麺のような具だくさんのものを選ぶようにしましょう。野菜のほかにも、海藻、卵、肉などを加えることもおすすめです。

もっとも効果的なのはやはり定食です。比較的バランスが取れていますので、カロリーを抑えたい場合は、米飯を少なめにしてもらいましょう！　炒め物・揚げ物がおかずの定食はできるだけ避け、小鉢は野菜が多いものを選ぶのもいいですね。

外食を上手に利用しつつ健康管理をするためには、ヘルシーなメニュー選びや、時間をかけてよく噛んで食べるなど、できることから始めましょう。

忙しいときや、おつきあいの多い女性は、ダイエット中でも「外食」の機会が増えます。メニューに「カロリー表示のある」レストランなら、低カロリーの料理を選ぶことができます。でも、そんなお店ばかりとは限りませんよね。

そこで、外食する場合の賢い「メニュー選び」を紹介します。

- **野菜、きのこ、豆、海藻などが中心のメニューを選ぶ。**
- **白身魚などの魚介類を中心に選ぶ。お肉なら、鶏のささみや赤身肉を。**

・「ゆで」「焼き」「蒸し」「和《あ》え（とくに酢の物）」の料理を選ぶ。
・米飯や麺は少なめにしてもらう。
・飲み物はお茶かコーヒー。紅茶やコーヒーに砂糖、ミルクは使わない。
・デザートは、果物、ゼリーやソルベ（シャーベット）を選ぶ。

お酒は飲む量を決め、おつまみを工夫しましょう

お酒の飲みすぎは肝臓に負担をかけるだけではなく、エネルギーの過剰摂取にもつながります。

これはアルコールを摂取するとアルコールを優先的に分解しようと肝臓の働きが一時的に鈍《にぶ》るため、血糖値のコントロールがうまくいかないことが原因です。

そうすると満腹感を感じないまま高カロリーなおつまみを食べ続け、最後にラーメンでシメると、1回の飲み会で知らず知らずのうちに1500キロカロリーくらい摂取することになってしまいます。

そこで、満腹感が得られる上手なおつまみの選び方のコツを紹介します。

- **生物《なまもの》・和《あ》え物（酢の物）・焼き物・蒸し物を選んで、揚げ物は避けましょう。とくに酢の物は、酢に含まれるクエン酸が代謝を活発化させて脂肪の消費を促すので、おすすめ。**
- **野菜スティックなど噛みごたえのある料理や、ひじきやワカメなど低カロリーで食物繊維豊富な食材がおすすめ。どちらも満腹感が得られ、食べすぎを防止できます。**
- **肝臓の働きを助ける成分を多く含む、鶏ささみ、豆、豆腐、貝類、魚介類などを選びましょう。**

また、飲んだあとのラーメンやスイーツは、控えめにしたいもの。アルコールによって食欲が増進され、満腹感を感じにくくなっている状態で、ラーメンやスイーツなどを摂ると、歯止めがかからずつい食べすぎてしまいがちですし、体内ではアルコールの代謝が優先されるので、過剰となった油脂や砂糖などのエネルギーが脂肪として蓄積されやすい状態になると言われているからです。

ちなみに、1日のお酒の適量とは、ビールなら中ビン1本、日本酒なら1合、ワインなら2杯が目安。

また、焼酎やウイスキーなどは、ストレートではなく水やお湯で薄めるとカロリーを抑えることができます。

これらお酒を飲むときのポイントを意識しながら上手にアルコールと付き合っていきましょう。

その2
もっとからだを動かそう

運動するのはつらい、体力がない、時間がないなどと考えていませんか？

脂肪を消費するためにハードな運動は必要ありません。この章では、普段の生活のなかのちょっとした消費エネルギーアップのコツや、「○○しながらエクササイズ」など、だれでも気軽に試すことができる簡単な運動を紹介します。

すべてを実践する必要はありません。毎日少しずつでも続けていれば、そのうち楽しくなってからだを動かすことが習慣になっていきます。無理をせずに、できることから始めましょう。

正しい歩き方をするだけで歩幅が大きくなり、運動効果が高まります

ウオーキングは有酸素運動です。歩きながらたくさんの酸素を取り入れることで、脂肪を消費し、心肺持久力が向上して体力アップにも効果的です。日常生活でも姿勢や速さを意識することで、ウオーキング効果が高まります。まずは、通勤途中や買い物などの歩く時間を利用して始めてみませんか？

1日合計1万歩を目安に、まずは「いつもの歩数＋1000歩」からスタートしましょう。

次のような歩き方をするだけで、歩幅が大きくなり、運動効果が高まります。

頭 あごを引き、視線は5～6メートル先に置く。

肩・胸 肩の力を抜いて胸を張る。

腕

腕はなるべく大きく振る。少し後ろへ振るように意識する。

腹

おしりを引き締めて、おなかを突き出さないように注意する。

ひざ

ひざから下を大きく振り出して前進する。

足

足先を進行方向に向ける。かかとから着地して、つま先でしっかり地面を蹴って進む。

ウオーキングの効果

- ●血液循環をよくする
- ●脂肪の減少　●ストレス解消に役立つ
- ●心肺の機能が高まる　●血圧が下がる

POINT

速度は一定でなくても大丈夫!!
★疲れたらゆっくり歩く
★はじめと終わりはゆっくり歩く

正しい歩き方　このような歩き方をするだけで、歩幅が大きくなり、「ただ歩いている」→「ウオーキング」というように変わってきます。

ウオーキングでは、できるだけ大股でリズミカルに歩くことをおすすめします。

歩幅とは、地面に着地している片足のつま先から、一歩踏み出した足のつま先までの長さになります。日常生活での歩行と、運動としてウオーキングをする際では歩幅の目安が異なります。運動として歩く場合の適切な歩幅は、身長の45～50パーセントくらいとされています。

一人ひとりの筋力や柔軟性などに差がありますので、あくまでも目安として参考にしましょう。

歩数計をつけて1日の歩数を記録し、グラフ化して確認しましょう

歩数の目標は「1日1万歩」とよく言われますよね。キリもいいですし、統計的には、1日の平均歩数9000～1万歩が、2週間で1キログラムの脂肪を消費する平均的なラインとなっています（食事内容など歩数以外の要素によって条件は異なります）。

よく歩く仕事の方ならわりと簡単に超えてしまう値ですが、まとまった時間を歩く

機会の少ないデスクワーク中心の方にとっては、「1万歩」というと、ちょっとハードルが高いイメージですよね。

実際、この「1万歩」を歩くために時間としては、どれくらい必要なのでしょうか？　歩行ピッチの実験データを元に試算してみました。

通常、一般的な成人の歩行ピッチは、個人差はありますが、だいたい100歩／1分くらいですから、1万歩÷100歩＝100分、だいたい1時間40分くらいになります。

デスクワーク中心の方でも、朝の通勤で20分、お昼休みにランチへの往復10分、帰宅に20分歩けばもうほぼ1時間ですから、あとは40分ちょっと買い物でもして歩けば達成できてしまいます。

一気に1時間40分歩く時間はないかもしれませんが、ウオーキングの効果は、細切れ時間を積み重ねた合計でいいので、これはそう高いハードルではないかもしれません。

ここでおすすめしたいのが歩数計です。

最近のタニタの歩数計は女性を意識してカラフルでかわいらしいデザインやカラーのモデルが登場しています。そして何より便利な機能として、身に付ける場所を選ばず正確に歩数をカウントすることができる3軸加速度センサーを搭載していること。

この歩数計を使って毎日の細かな歩数の積み上げを正確に記録しましょう。そして毎日のダイエット記録と一緒に歩数を振り返っていくと、明日は1万歩を歩いてみようなど新しい楽しみが発見できると思いますよ。

日常生活で意識的にからだを動かしてエネルギー消費量を増やしましょう

日常生活に取り入れられるこんなコト

忙しかったり、運動が苦手だったりする方でも、日頃何気なくしている動作をちょっと工夫するだけでエネルギー消費量を上げることができます。毎日の小さな積み重ねも、大きな効果につながります。ダイエットには、これが不可欠!

ここでは、日常生活でできる工夫を紹介します。ほんの一例ですが参考にしてください。

- **天気のよい日はひと駅手前から歩く・少し遠くのスーパーへ買い物に行く**

通勤時間を利用してバス停や、ひと駅分歩きましょう。買物に行くときも、近所ばかりで済ませるのではなく、天気のよい日は少し遠出をしてみましょう。

- **エスカレーターやエレベーターより階段を利用する**

駅やスーパーなどでは、エスカレーターやエレベーターに頼らず、積極的に階段を使いましょう。

- **電車のなかでは座りっぱなしではなく立つ**

座ったときは、お腹に力を入れて足全体を少し浮かせましょう。きつくなったら休みながら少しずつ時間を延ばしましょう。

- **モップがけも手を抜かずに力を込めて**

モップがけは力を込めて汗ばむくらいに、少し長めにやりましょう。

- **床磨きやお風呂掃除**

腕を大きく回して拭けばストレッチ代わりにもなるし、力を込めて磨くと立派なエクササイズになります。

- **普段は目の届かない高いところ（エアコン・タンスの上、照明器具など）の掃除も念**

入りに

テレビ・ビデオ・エアコンなどはリモコンをあえて手の届かないところに置く

家のなかでできる、ちょこっとエクササイズ

運動不足だからといって、急激な運動はかえってからだの負担になります。からだに負担なく気持ちのよい汗をかくためには、自宅でできる軽めのエクササイズを少しずつ増やしていくのがおすすめです。ここでは、家事などをしながらできるエクササイズを140ページから紹介しますので、室内にいる時間が多い方や、天気が悪く外で運動できないときなどにおすすめです。

また、次ページに厚生労働省による「エクササイズガイド」のなかの、身体活動の量を表す「1エクササイズ」の目安を図で紹介しました。参考にしてください。

1エクササイズの目安

※(分)は休憩しないで活動・運動した場合の数字です。

■普通歩き…18分

■早歩き…16分

■自転車に乗る…15分

■掃き掃除…18分

■床磨き・風呂掃除…16分

■軽い荷物運び…17分

■草むしり…10分

■階段昇り…8分

「エクササイズ」は身体活動の量を表す単位。厚生労働省による「健康づくりのための運動指針2006(エクササイズガイド2006)」では、健康づくりのために週に23エクササイズ以上の活発な身体活動を目標にしています。

体重あたりの消費エネルギー

〈例〉　体重50kgの方が早歩き32分(2エクササイズ分)を行ったときの消費エネルギー計算

2エクササイズ×53kcal＝106kcal

体重	40 kg	50 kg	60 kg	70 kg	80 kg	90 kg	100 kg
1エクササイズ消費エネルギー	42 kcal	53 kcal	63 kcal	74 kcal	84 kcal	95 kcal	105 kcal

※エクササイズの数が増えるほど消費エネルギーが増えます。

部位別・自宅で「ながらエクササイズ」

洗濯物を干しながら

脚

1枚ずつ腰を落として取る（スクワット）。

※ひざはつま先から出ないように

電話をしながら

もも

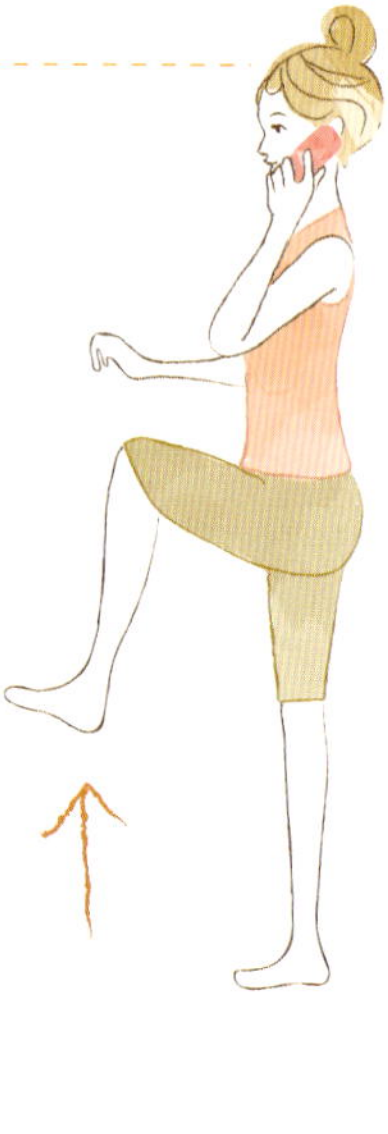

背筋を伸ばして、ももを上げる。

※長電話が有酸素運動に

テレビを見ながら

おなか

ＣＭごとに両足を揃えて、脚を上に持ち上げる足上げ腹筋。

※腰を反らないように

寝ながら

全身ほぐし

手足をバタバタと振る（10 ～ 60秒）。

※ひじ、ひざは曲げてもＯＫ

横になりながら

おしり横

横になり上の足を持ち上げて、重力を感じてみる。（10～60秒）

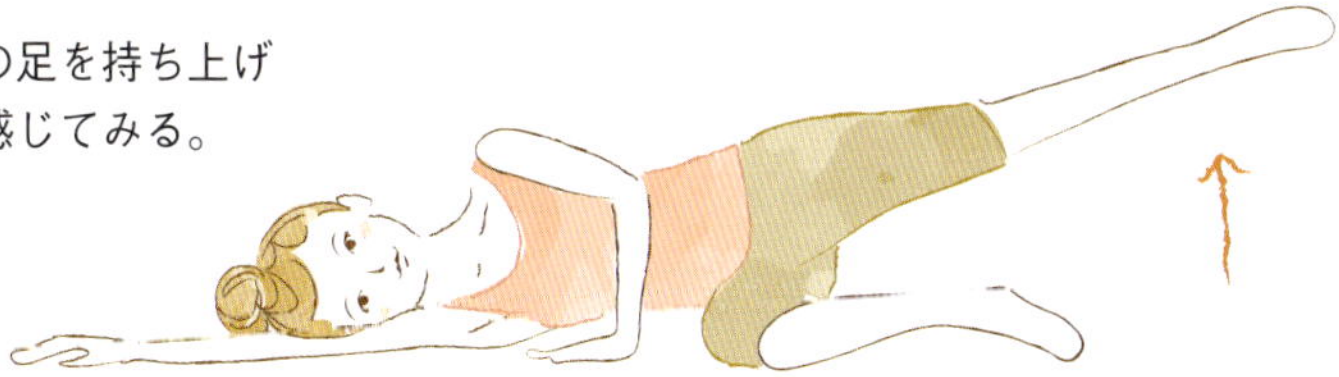

横になりながら

おなか横

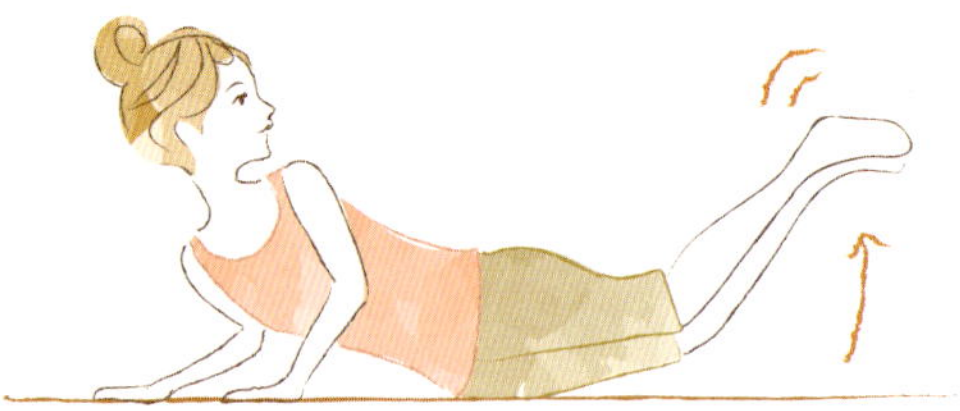

軽くひざを曲げて、両足を揃えながら持ち上げる。
(10 ～ 60秒)

※腰をそらさず、脇腹をキュッと締めるように

お風呂に入りながら

胸

ひじを軽く持ち上げ、洗面器を持ち、腕を前後に動かす。
(5～10回×1～3セット)

パソコンを見ながら

脇腹

上半身を正面に向け、ゆっくり下半身をひねる。
(10～60秒)

※肩の位置は動かさない、腰痛の人は注意

活動量計をつけて消費カロリーをこまめにチェックしましょう

日常生活で意識的にからだを動かして活動量をアップさせるといっても、なかなか「その気」になるのは難しいものです。また、一時的にちょっと頑張ったとしても、それを継続させることはかなりハードルが高いですよね。

そこで、活動量アップのモチベーションを保つ強力な味方となるのが、タニタが開発した活動量計「カロリズム」です。「カロリズム」は、胸元に着けるだけで1日24時間のからだの動きを常にチェックし、通勤や家事などの大きな動きはもちろん、デスクワークや読書などの小さな動きまで、日常生活のさまざまな動きをキャッチして消費カロリーを計算してくれます。しかも、寝ていたり、じっとしているときの消費カロリーも計算しているので、1日に使った総消費カロリーを知ることができます。

消費カロリーの算出にあたっては、カロリズムのなかに入っている3軸加速度センサーでからだの動きとその強さをはかって、体組成の情報をもとに消費カロリーを算出しています。その精度は、1日の総消費カロリーを正確に計測できるヒューマンカロリーメーターという計測施設を使って得られた実測データと、ほぼ一致する高い相関性を実現しています。

このカロリズムを付けておけば、消費カロリーをこまめにチェックすることができるので、たとえば、活動量が少ないなと感じた日には、一つ手前の駅で降りて歩いて帰ろうとか、テレビを見ながら立って「その場足踏み」をして、少しでも消費カロリーを増やしてみるなど、ゲーム感覚で楽しみながらチェックできるのでダイエットの励みになると思います。

頑張ってたくさん活動した日には、しっかりとその結果が数値に表れるので、モチベーション維持に効果的です。

「有酸素運動」と「筋力トレーニング」を交互に繰り返して脂肪消費を効率的に

筋力トレーニングには、前にお話ししたように基礎代謝を高める働きがあります。

この筋力トレーニングとウオーキングなどの有酸素運動を組み合わせることによっ

て、より効果的なダイエットが実現できるとしたらどうでしょう。そして、これはあまり知られていませんが、連続して交互に筋力トレーニングと有酸素運動を行うと脂肪消費効率が高まるのです。

タニタは「健康をはかる」を企業経営の柱に据え、はかったあとにどうすればいいかという声に応え、女性専用のフィットネススタジオをプロデュースしています。それが『フィッツミー』。仕事帰りやお買い物ついでの「わずか30分」で運動不足が「楽しく」解消されます。

スタジオでリズミカルな音楽に合わせて30秒の有酸素運動（ウオーキング）と30秒の筋力トレーニングを交互に繰り返します。

筋力トレーニングは8〜9種類のマシンを順番に利用し、全身の筋肉をまんべんなく鍛えられるようプログラムされ、ひとつのマシンが終わると、ボードの上でウオーキング（足踏み）をしてクールダウンし、次のマシンに移るという「サーキット・トレーニング」です。

サーキット・トレーニングは、日常生活のなかに簡単に取り入れることができます。ここでは自宅でできる有酸素運動と筋力トレーニングの一例を紹介しますので、ぜひ試してください。

有酸素運動メニュー　～有酸素運動で脂肪を消費する

脂肪の消費に効果的なのが、「有酸素運動」です。一定のリズムで呼吸できて、ある程度の時間続けられるくらいの強さで行う運動のことをいいます。ウオーキングをはじめ、ジョギング、水泳、自転車、緩《ゆる》やかなダンスなどがこれにあたります。

有酸素運動は、一定時間継続することで脂肪を消費させていきますが、その目安は20分以上と言われています。ですが、前にお話ししたように短い時間でも効果はあります。5分、10分からスタートして徐々に慣れていきましょう。

「一定の呼吸リズム」を維持できるように続けてみてくださいね。

ここでは、お部屋でできるエクササイズをご紹介します。これも少し息が上がるくらいが効果的です（腰、ひざ、足首に痛みがある場合は行わないでください）。

チェアーウオーキング

● **背筋を伸ばして胸を張る／ひじを引くように腕を振る**

背もたれによりかからないよう、いすの中央ぐらいに腰掛けます。

その場で軽くひじを引きながら、その場でウオーキングしましょう。

初めは30～60秒を目安に、慣れてきたら自分のペースで時間を延ばしていきましょう。

いすの立ち座り

● **腰やひざに負担をかけません**

いすに座り、両手をひざの上に置いたまま半腰で立ったらすぐ座ります。

座った反動で、やや両足が浮いた勢いを利用して

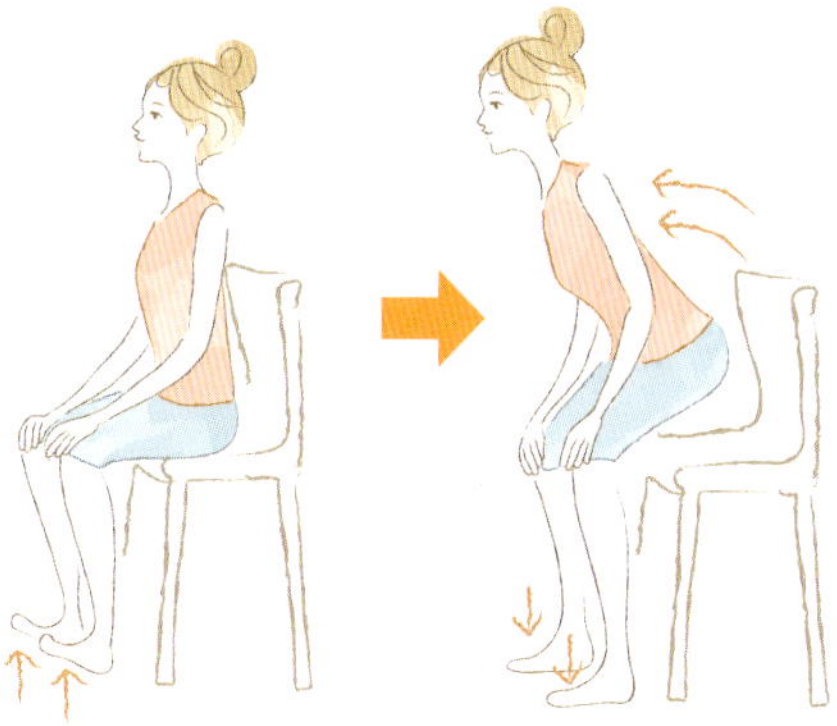

立ち上がる運動を繰り返します。（目安は、5～10回×1～3セット）

座って、もも上げ

● 座ったままでリズミカルに

いすに座り、両腕はからだの横に自然に下ろします。右ひざと同時に両腕を大きく広げながら頭上に上げて、すぐに戻し、次は左ひざと同時に両腕を上げます。（目安は、5～10回×1～3セット）

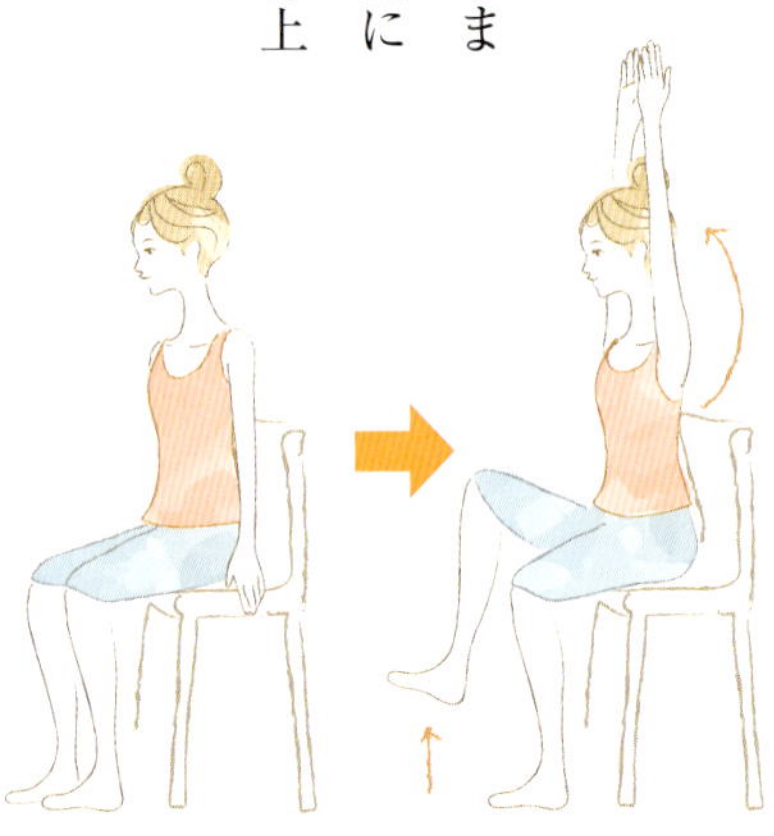

立って、もも上げ

● その場でゆっくりもも上げ

脚を腰幅に開いて立ち、両手は軽く握ってひじを曲げます。軸足のかかとを浮かせないように大きくゆっくり交互に、もも上げを繰り返します。（初めは30～60秒を目安に、慣れてきたら自分のペースで時間を延ばしていきましょう）

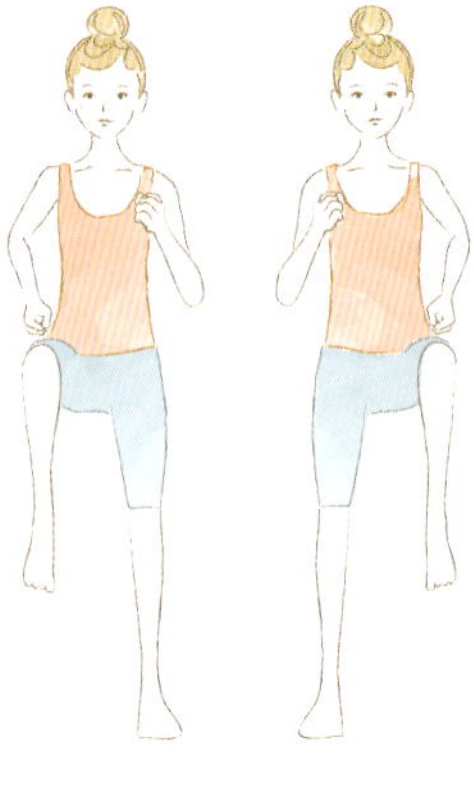

筋力トレーニングメニュー　～筋肉量を増やして基礎代謝アップ

タニタのおすすめするダイエットは、からだの余分な脂肪を減らして、健康なからだになることに尽きます。

でもまだ多くの方が、ダイエット中の日常生活によって、減らしてはいけない筋肉を減らしてしまうことがあります。脂肪を減らしても筋肉は減らしてはいけません。なにより、美しいからだをつくってくれるのは筋肉。ここでは、ほどよい筋肉をつけるメニューを紹介します。

筋肉が増えることで、基礎代謝がアップします。より効率よくエネルギーを消費していきましょう！

ポイントは三つ。

1　慣れないうちは少ない回数から行いましょう

2　呼吸は止めずに行いましょう。力を入れるときに吐く／力を緩《ゆる》めるときに吸う

3　痛みがあるとき、体調のすぐれないときは無理をせずに休みましょう

部位別・自宅で楽しくできる筋力トレーニング

おすすめの回数　5〜10回×1〜3セット

背中1

1 胸を張りながら、胸の前で両手を握り合います。

2 ひじをゆっくり外側へ引きます。（10〜60秒）

※ひじは床の面と平行に真横へ引きましょう

背中2

1　両手を持ち上げ、息を吐きながら背中の肩甲骨を寄せるイメージでひじを下ろします。

2　手を上に戻し、これを繰り返します。

※胸を張りながら行いましょう

胸

1　ひざをつき、ひじを伸ばします。

2　息を吐きながら、ひじを曲げ、床に胸をゆっくり近づけます。からだを元の位置に戻して、これを繰り返します。

※余裕のある方は、ひざをつけずに行うと強度がアップします

腹筋 1

1 あおむけに寝ます（立った姿勢で壁を利用してもOK）。

2 腰の後ろに少し隙間ができるので、そこに左手を当てます。

3 おなかに右手を当て力を入れながら、ゆっくり手を押すように腰の隙間を埋めていきます。5〜10秒ほど、ゆっくりと息を吐きながら行いましょう。このとき、おなかに力が入っているか触って確認してみましょう。

腹筋 2

1 あおむけになり、両ひざを立てて腰を床に押し付けます。

2 手を後頭部の上のほうに添えて、息を吐きながら肩甲骨を床から離します。初めは、ゆっくり5回くらいから行いましょう。

下腹部

1 両手で左ひざを床に向かって押さえます。

2 大きく息を吸って、吐きながらひざを持ち上げます。両手とひざで押し合いをするように力を入れます。

3 このとき、おへそをのぞき込むように腹部を縮め、10秒ほど互いに押し合いながら止めます。右側も同様に行いましょう。

背筋

1 うつぶせになります。

2 左手を持ち上げると同時に右足を持ち上げます。

3 次に右手を持ち上げると同時に左足を持ち上げます。対角線の上げ下げを繰り返します。

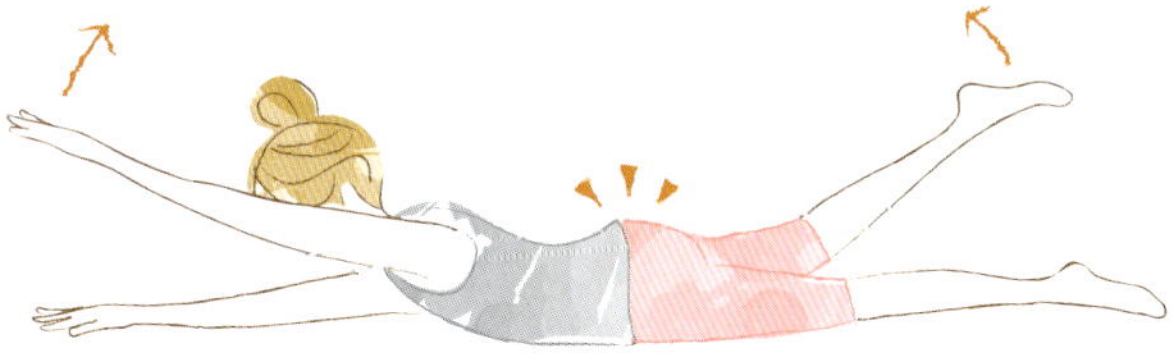

ふくらはぎ

1 片脚で立ち、かかとの上下運動をゆっくり、大きく繰り返します。

2 脚を替えて同様に行います。

※からだがふらつかないように壁などに手をついて支えるとよいでしょう。

もも前 1

1 いすに腰掛けます。

2 つま先は天井に向け、息を吐きながら、ゆっくりとひざを伸ばしていきます。

3 伸ばした脚をもとの位置に戻し、反対の脚を同様に行います。

※余裕があれば、伸ばした脚を5～10秒キープします。同じ脚を続けて行うと強度が上がります。

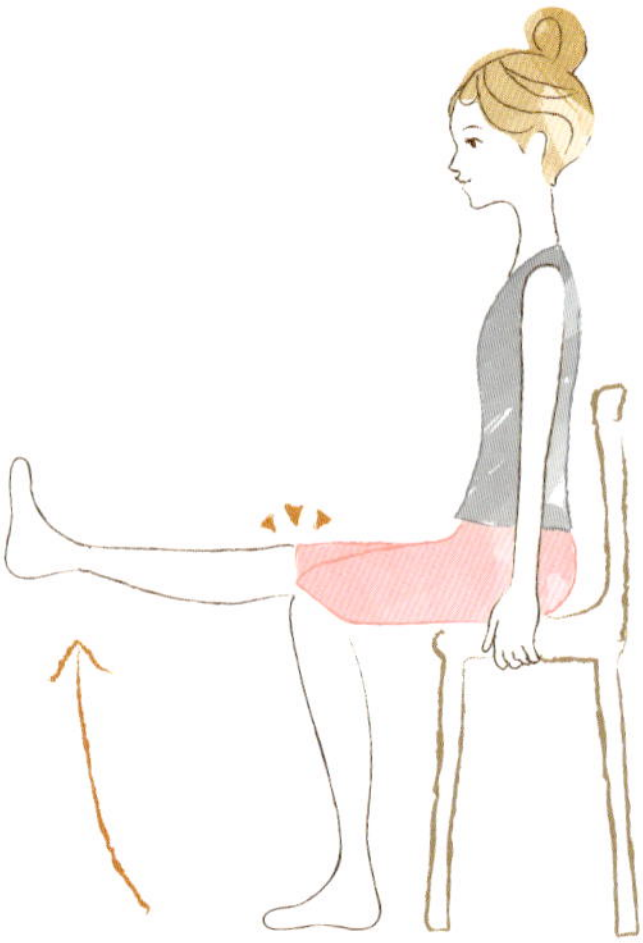

もも前２

1　脚を腰幅に開きます。

2　ももの付け根→ひざ、という順に曲げるようにゆっくり腰を落としていきます。

3　元の姿勢に戻ります。

※曲げたひざが、つま先から出ないように気をつけましょう。

もも後ろ

1　いすなどの背もたれに手をかけて、腰幅くらいに脚を開いて立ちます。

2　片方の脚を一歩後ろへ引きます。

3　かかとをおしりにつけるようなイメージで、ゆっくり蹴り上げて、ゆっくりと下ろす動作を繰り返します。

※脚を下ろすとき、軸足のひざよりも、蹴り上げたほうのひざが前に出ないようにしましょう。

その3

「はかる」ことが習慣化できればダイエットは成功したようなもの

「はかる」「わかる」「きづく」「かわる」のサイクルをまわしましょう

体組成計ではかるタイミングとは

タニタの体組成計は、体重はもちろん、からだを構成する組成分である、体脂肪率、筋肉量、推定骨量などを計測・表示し、質の高い健康管理ができる計測機器で、からだの状態を詳しく知ることができます。

この体組成計は、本体から微弱な電流を流して体内の電気抵抗値（電流の流れにくさ）をはかり、これをもとに体脂肪率や筋肉量などを導き出す仕組みになっています。この技術は、脂肪組織は電流をほとんど通さず、筋肉や水分、骨などの組織は電解質を多く含むため電流が流れやすいという性質の違いを利用したものです。

一方で、私たちのからだは、食事や運動などの活動によって体重だけではなく、体内水分や体温も一日のうちで常に変化しています。このため、計測時間や条件に伴ってからだの電気抵抗が異なるため、体脂肪率などの計測値も常に変動します。

この変動の影響を抑制し、より安定した計測値を得るため、タニタがおすすめしている「はかる」時間帯は、

・**食前**かつ**入浴前**
・**起床後**や**食事後**、**入浴後**は2時間以上経過してから

です。とくに、日常的にはあまり計測時間にばらつきのない、夜の入浴前にはかるのもよいでしょう。

おすすめの計測時間

生活活動の違いにより体重やからだの電気抵抗が変動するため、計測値には個人ごとに違った変動があります。さらに、計測値は体内水分の変化や体温に大きく影響されるので、できるだけ同じ時間帯、同じ状態で計測し、細かい変化にとらわれず、長期的な変化傾向を見ることをおすすめします。

一日の体重変化

一日の体脂肪率変化

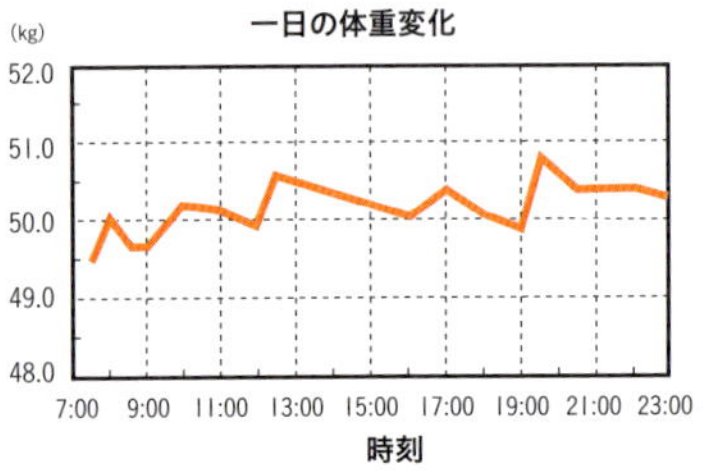

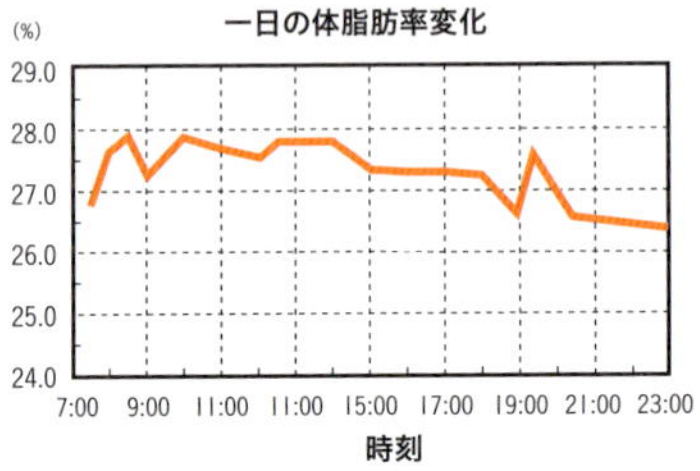

おすすめ計測時間

起床・朝食 → 2時間後 → **おすすめ計測時間** → 昼食 → 2時間後 → **おすすめ計測時間** → 夕食・入浴 → 2時間後 → **おすすめ計測時間** → 就寝

過度の飲食、極度の脱水症状のときは、計測を避ける
計測値に誤差が生じる可能性があります。精度を高めるには、起床直後を避け、食後2時間以上経過した同じ時間帯でご使用ください。

サウナや長湯、激しい運動をしたあとは、計測を避ける

体調の悪い場合（二日酔い、下痢、発熱などのとき）は、計測を避ける
計測値に誤差を生じる可能性があります。十分休んでから、計測してください。

ポイントは、「毎日できるだけ同じ時間帯、同じ状態ではかる」こと。

そして、細かい変化にとらわれず、「長期的な変化傾向」を見ることをおすすめします。

効果的な記録方法

太ってしまった原因はなんでしょう？　「たぶん、食べすぎが原因」「運動しないからかも」……答えはいろいろあるでしょう。厳しいようですが、「たぶん」「かも」と言っているうちはダイエットを成功させることはできません。はっきりとした原因を見つけることが重要です。

継続して「はかれば」、数値の変化が「わかり」、その変化の意味するところに「気づき」、よりよい方向に「変わろう」とする意欲が湧いてきます。

そればかりか、自分のからだを客観的に見ることができるようになり、生活習慣の乱れが改善されます。つまり、ダイエットを成功に導くには、まず、気楽に「はかってみる」ことから始まるのです。

体重、体脂肪率、歩数、活動量、食事内容などの記録をとり、生活習慣を振り返り、さらに健康メモをつけることで、体重が増減する理由が見えてきます。

記録することで、ふだん何気なく行っている習慣を見直しましょう。

改善項目のチェックを続けることで、少しずつ太りにくい生活習慣が身に付いていきます。

生活チェック（健康メモ）は毎日つけたほうがよいのですが、2、3日抜けてしまっても大丈夫！　目的はあくまで「現在の自分を知る」ことにありますので、無理のない範囲で続けましょう。


ポイントは四つです。

1　体重・体脂肪率などをはかり、毎日記録する

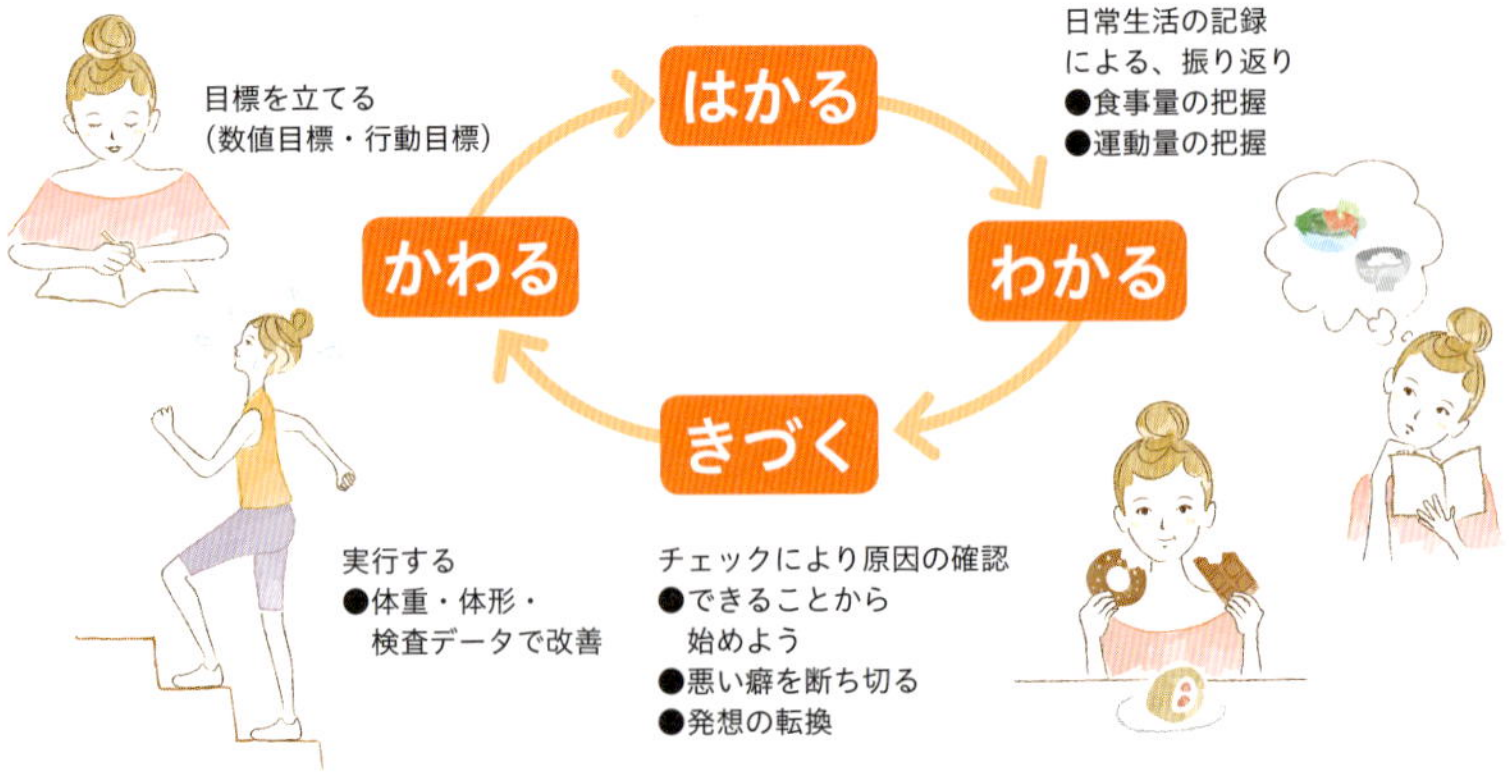

２　食事や運動などを記録して自分の生活習慣を客観的に振り返る

３　食べた時間、食べた物と、できればそのカロリーをメモし、摂取カロリーの合計を出す

４　活動量計で１日の総消費カロリーをチェックし、摂取カロリーとのバランスをコントロールする

目標を立てて記録をつけることがダイエット成功のコツ

ダイエット成功のコツは、たった二つ！
目標を立てること。記録をつけること。

さっそく、164ページの「目標設定シート」を利用して目標を立ててみましょう。まずは「なりたい自分」をイメージすることから始めます。そして、失敗のない健康的なダイエットのポイントは、長続きする目標を立てることです。

そのために、1カ月の「短期目標」、3カ月の「中期目標」、6カ月の「最終目標」と、期間を区切ってスモールステップアップ式に目標を次々とクリアしていきましょう。このとき、90パーセントくらい達成できそうと思うレベルがベスト！　少しずつ自信をつけることが大切です。

そして、「最終目標」として、「ダイエットに成功して

こんな私になります！」を思い描いてみましょう。

次に、「いつまでに何キログラムを目指す？」という「数値目標」を。そして、「そのために何をする？」という「行動目標」を設定します。

たとえば、最終目標を、「9号サイズの洋服を着る」と設定するとします。

この最終目標に近づくための「数値目標」は「何月には○キログラムを目指す！」となり、具体的「行動目標」を、「1日1000歩増やす」「間食を減らす」とします。それが達成できたら、さらにもうワンランク上の具体的「行動目標」として「1日3000歩増やす」などというように設定します。

大事なことは、次の六つです。

1　具体的であること
2　達成可能であること
3　意欲的に取り組めること
4　定量化すること
5　期日を決めること
6　日課にできること

▼最終目標

ダイエットに成功して こんな私になります！

たとえば…
○ヵ月後にワンランク下のサイズの服を着る

●健康であることのメリットは？

●＿＿＿カ月後に、なりたいと思う自分のイメージ

1カ月後目標	中間目標	最終目標
体重　kg ・体脂肪率　% ・筋肉量　kg	体重　kg ・体脂肪率　% ・筋肉量　kg	体重　kg ・体脂肪率　% ・筋肉量　kg

①【目標達成のための現状を確認してみましょう】

●減量のために、今、現在頑張っていること、今まで行ってうまくいったことはありますか？

●実行が難しいと思っていることはありますか？

②【目標達成のために、できそうなことをあげてみましょう】

例えば…

〈食生活目標〉
- ●間食を減らす
- ●ビールを500ml→300ml
- ●コーヒーに砂糖を入れない
- ●夜の揚げ物をひかえる

〈運動目標〉
- ●毎日腹筋
- ●一駅分歩く
- ●ラジオ体操をする
- ●エレベーターは使わない

〈その他〉
- ●睡眠は最低5時間

●1日の歩数目標＿＿＿＿＿＿歩

〈食生活目標〉	〈運動目標〉	〈その他〉
□	□	□
□	□	□
□	□	□
□	□	□
□	□	□

さあ、スタートです!!

1ヵ月目の目標を〈食生活目標〉〈運動目標〉〈その他〉の各項目から1～2コずつ選んで☑してみましょう。

継続は力なり（継続のための五つのポイント）

最後に、「ダイエット継続のための五つのポイント」をまとめてみます。

ポイント1　始めた気持ちを忘れない

何事も、継続することは成功への第一歩です。そして、継続するためには、ダイエットをしようと思った動機や目的を明確にしておくということが大切です。ダイエットを進めていくなかで、挫折しそうになったとき、「ダイエットを始めたころの気持ち」「自分の目指す理想体形」をもう一度描いてみましょう。

ポイント2　数値だけにとらわれない

順調にいくときもあれば、計画どおりに進まないこともあります。体重、体脂肪率の数値だけに一喜一憂するのではなく、「からだが軽くなった」といった体調や体

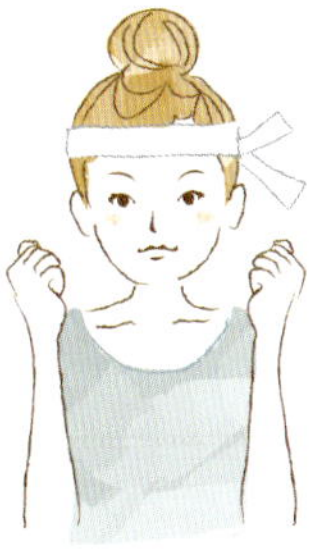

形の変化に気づき、少しでも目標に近づいている自分をほめてあげましょう。小さな目標をコツコツとクリアしていくことが自分の目指す理想体形への近道です。

ポイント3 あわてず気長にゆっくりと

ダイエットを始めて3～4週間をすぎたころから、体重が減らなくなるのが一般的です。これは脂肪を一定に保とうとするからだの防衛本能です。ここであきらめず、あわてず、ゆっくり気長に進めていきましょう。結果は必ずついてきます！

ポイント4 柔軟性をもったダイエットプラン

食事と運動の両輪で取り組み、「食べすぎ」「飲みすぎ」たあとも、後悔せずに運動による消費で調節したり、ある程度の期間内で調整すると無理なく継続できます。「頑張りすぎない」ことが継続のコツです（時には自分を甘やか

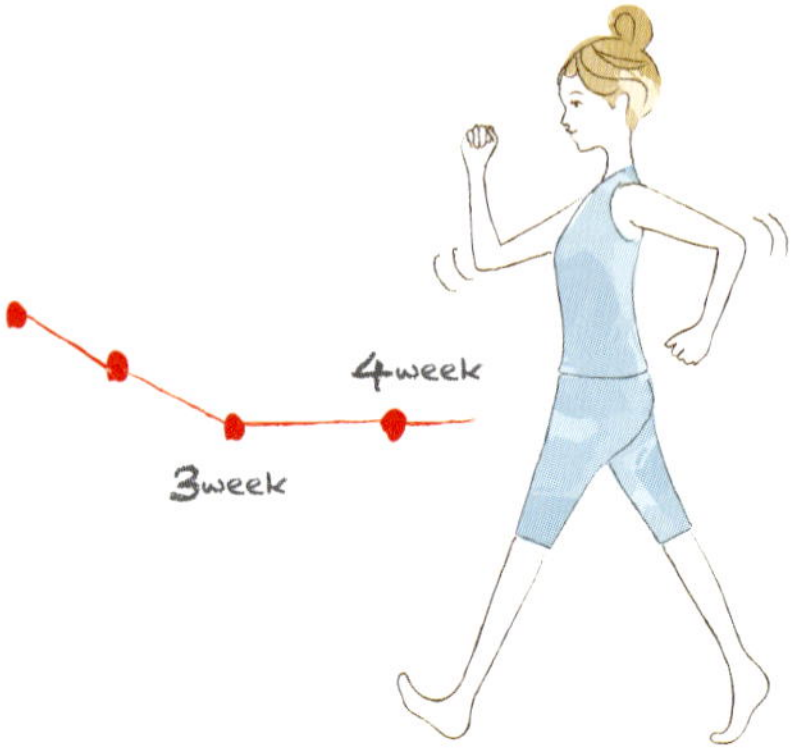

したりして、力の抜きどころをつくりましょう）。

ポイント5　仲間やサポーターをつくる

同じ目標、目的を持った仲間をつくることで、お互いによい刺激となります。また、頑張っている自分を認め、「やせたね」と応援してくれる仲間や、ダイエットに協力してくれるサポーターをつくることも大切です。「ひとりじゃないダイエット」を楽しみながら進めていきましょう。

目標を立てて毎日記録をとることで、自分のからだや食生活を客観的に把握できるようになります。そして、半年後、一年後には、ちょっとした習慣の変化が大きなからだの変化となって表れることでしょう。

健康管理やダイエットは毎日の「はかる」習慣から。

タニタはいろいろな健康計測機器で、あなたのロハスなダイエットを応援しています。

4
「ロハス」なダイエットのツボ

ダイエットは特別なことをするのではなく、今までの生活のなかで何が原因で失敗してしまったのかに気づき、改善していくことで自然に効果が表れます。

そのためには、「食事（摂取）」と「運動・活動（消費）」をコントロールすること、そして体組成計などを使って、自分のからだの状態を知ることが大切になります。

ここでは、この本でお話ししたダイエットの実践ポイントをまとめてみました。

すべてのチェック項目が埋まって生活習慣として定着すれば、「なりたかった自分」に近づいているはずです。

diet check sheet

早わかり ダイエットチェックシート

ダイエット心得

☑ 無理なダイエットではなく「ロハス」なダイエットを ……………… P14～P18

☑ 摂取したカロリーと消費したカロリーをコントロールしましょう ………… P18～P20

☑ ダイエットで大切なのは「筋肉」を減らさず「脂肪」を減らすこと …… P21～P23

☑ 脂肪は減らしすぎてはいけません ……………… P24～P25

☑ ダイエット成功のカギは「基礎代謝」 ……………… P25～P33

☑ 1カ月で1.5kgから2kgを減量目標にしましょう ……………… P34～P38

☑「はかる」「わかる」「きづく」「かわる」のサイクルをまわしましょう … P156～P161

☑ 目標を立てて記録をつけることがダイエット成功のコツ ……………… P162～P167

セルフ・モニタリング編

☑ 体組成計で体重、体脂肪率、筋肉量、基礎代謝量などをチェックしましょう ……………… P20～P21

☑ はかった数値を記録して生活習慣を見直しましょう ……………… P39～P43

☑ 毎日続けてはかりましょう ……………… P44～P46

☑ 歩数計をつけて1日の歩数を記録し、グラフ化して確認しましょう ……………… P134～P136

☑ 活動量計をつけて消費カロリーをこまめにチェックしましょう ……… P143～P144

からだ編

食事編

☑ お菓子は低カロリーのものを選び、午後3時までに摂りましょう … P118～P126

☑ 外食では野菜の多いメニューを選びましょう …… P126～P128

☑ お酒は飲む量を決め、おつまみを工夫しましょう …… P128～P130

行動編

☑ いつもより「1000歩多く」を意識して歩きましょう …… P82 ～ P85

☑ 通勤では座らず立ったり、階段を使うなど意識して …… P86 ～ P92

☑ 運動の「前後」のちょっとした工夫で
ダイエット効果が高まります …… P94 ～ P96

☑ 正しい歩き方をするだけで歩幅が大きくなり、
運動効果が高まります …… P132 ～ P134

☑ 日常生活で意識的にからだを動かしてエネルギー
消費量を増やしましょう …… P136 ～ P142

☑ 「有酸素運動」と「筋力トレーニング」を交互に繰り返して
脂肪消費を効率的に …… P144 ～ P155

3Dセンサー搭載歩数計

計測・表示項目は歩数、距離、消費カロリー、脂肪燃焼量など。3D(3軸加速度)センサーを搭載しているため、身に着ける場所や方向を選ばず歩数を正確にカウントできる。表面カバーにキルティング調のレリーフ加工を施し、パステルカラーでラグジュアリー感を高め、カバンなどにつけて見せて歩きたくなるデザインが特徴。

3Dセンサー搭載歩数計
FB-729K（ラズベリーなど3色）

デジタルクッキングスケール

シリコン素材のカバーでキュートなデザインが特徴。最小計量0.1g、最大計量2kgの高精度。「mlモード」を搭載し、水や牛乳も計量カップなしではかることができ、お菓子やパン作りに最適。

デジタルクッキングスケール
KD-192（レッドなど3色）

睡眠計

寝具の下にセンサーマットを敷いて寝るだけで睡眠状態を自宅で簡単にチェックできる。センサーマットで感知した睡眠中の呼吸数、脈拍数、体動を解析し、睡眠の深さを4段階のステージグラフで表示。また、睡眠時間や寝つき時間、途中で目覚めた回数などの情報から、睡眠の総合評価指標「睡眠点数」を算出。計測日時の記録を睡眠日誌としてグラフ化し、その時間的傾向を把握することもできるため、睡眠習慣の改善に役立つ。

スリープスキャン
SL-502

からだカルテ　http://www.karadakarute.jp

体重・体脂肪率などを記録・グラフ化できる、会員制ダイエットサイト「からだカルテ」。
「からだカルテ」対応の体組成計や歩数計などを利用すれば、はかったデータがウェブ上に自動転送され、簡単に計測・記録ができるのが特徴。転送した体重や体脂肪率などのデータは自動でサイト上にグラフ表示される。食事・運動記録と合わせて利用することで、太る原因やからだのリズムを知り健康的にダイエットができる。オプションで管理栄養士によるマンツーマンの個人指導も受けられるなど、豊富なダイエットサポートメニューを取り揃えている。

【掲載商品・サービスのお問い合わせ先】

タニタお客様サービス相談室

☎ 0570-099-655　受付時間 9:00 〜 18:00（土・日・祝日を除く）

*上記電話番号は、商品に関してのお問い合わせのみ対応しております。本書の内容に関しては扶桑社（☎03-5403-8870）までお問い合わせください。
*掲載している商品は2012年3月現在のものです。商品によってはデザインの変更や、廃盤となる場合もございます。

著者紹介

株式会社タニタ

1944年設立。
「健康をはかる」を経営の柱に据え、体組成計、体脂肪計、体重計、クッキングスケール、歩数計、塩分計、血圧計、体温計、温湿度計などの健康計量計測機器を手がける。最近では1日の総消費カロリーがわかる「活動量計」や、睡眠の状態をモニターできる「睡眠計」など先進的な商品を開発し市場をリードしている。
このほか、ウェブによる会員制のダイエットサイト「からだカルテ」や女性専用のサーキット・トレーニングスタジオ「フィッツミー」を展開。2012年1月にはタニタ社員食堂のコンセプトを忠実に再現したレストラン「丸の内タニタ食堂」を東京・丸の内に出店し、新しい食のソリューションを提供している。現在、体脂肪計・体組成計は国内シェアナンバー1。

「健康をはかる」商品・サービス紹介

体組成計

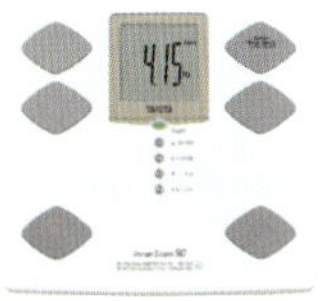

インナースキャン50　BC-312
（パールホワイトなど2色）

体重、体脂肪率、筋肉量、推定骨量、内臓脂肪レベル、基礎代謝量など詳細なからだの情報を計測・表示。体重は50g単位の高精度計測ができる。体組成計に乗るだけで電源が入り、あらかじめ登録した測定者を自動判別する機能を搭載しているため、ボタン操作をすることなくわずか8秒で計測することができる。

活動量計

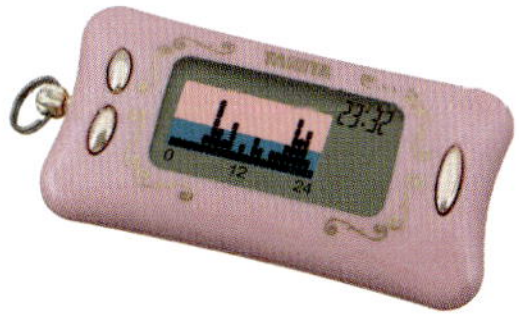

カロリズムレディ AM-131
（パールピンクなど3色）

胸元に着けるだけで通勤や家事などの大きな動きはもちろん、デスクワークや読書などの小さな動きまで、日常生活のさまざまな動きをキャッチして1日の総消費カロリーや、1時間ごとの身体活動グラフを表示。女性の月経周期に合わせてダイエットチャンス期とリラックス期を知らせる女性ダイエットモードも搭載しているため、ダイエット時の摂取と消費カロリーのコントロールに最適。

staff

ブックデザイン	原てるみ　岩田葉子（mill design studio）
イラスト	Masami
図版作成	Office SASAI
編集協力	長谷川克美
編集	山口洋子（扶桑社）

タニタのロハスなダイエットのすすめ
無理せず、自然に、リバウンドなし

2012年4月17日 初版第1刷発行

著者	株式会社　タニタ
発行者	久保田　榮一
発行所	株式会社 扶桑社
	〒105-8070　東京都港区海岸1-15-1
	電話　03-5403-8870（編集）
	03-5403-8859（販売）
	http://www.fusosha.co.jp
DTP制作	株式会社　Office SASAI
印刷・製本	株式会社　廣済堂

定価はカバーに表示してあります。

造本には十分、注意しておりますが、落丁、乱丁(本のページの抜け落ちや順序の間違い)の場合は小社販売局宛にお送りください。

送料は小社負担でお取り替えいたします。


 ISBN978-4-594-06583-6